Anna Maria Crimi

Vite! 1

Méthode de français

PIERRE BORDAS ET FILS

ELi

Sommaire

Unité 0
C'est parti ! p. 3

Unité 1
Salut ! p. 5
Les mots p. 6
Communication p. 7
La grammaire ? Facile ! p. 8
Mes savoir-faire p. 10
Je sais... p. 12

Unité 2
Joyeux anniversaire ! p. 13
Les mots p. 14
Communication p. 15
La grammaire ? Facile ! p. 16
Mes savoir-faire p. 18
Je sais... p. 20

Unité 3
J'adore ! p. 21
Les mots p. 22
Communication p. 23
La grammaire ? Facile ! p. 24
Mes savoir-faire p. 26
Je sais... p. 28

Unité 4
Dans ma classe, il y a... p. 29
Les mots p. 30
Communication p. 31
La grammaire ? Facile ! p. 32
Mes savoir-faire p. 34
Je sais... p. 36

Unité 5
Quelle journée ! p. 37
Les mots p. 38
Communication p. 39
La grammaire ? Facile ! p. 40
Mes savoir-faire p. 42
Je sais... p. 44

Unité 6
Ta jupe, elle est super ! p. 45
Les mots p. 46
Communication p. 47
La grammaire ? Facile ! p. 48
Mes savoir-faire p. 50
Je sais... p. 52

Unité 7
Chez Thomas p. 53
Les mots p. 54
Communication p. 55
La grammaire ? Facile ! p. 56
Mes savoir-faire p. 58
Je sais... p. 60

Unité 8
C'est où ? p. 61
Les mots p. 62
Communication p. 63
La grammaire ? Facile ! p. 64
Mes savoir-faire p. 66
Je sais... p. 68

Unité 9
Vive les vacances ! p. 69
Les mots p. 70
Communication p. 71
La grammaire ? Facile ! p. 72
Mes savoir-faire p. 74
Je sais... p. 76

Tableau des conjugaisons p. 77

Sommaire du CD audio p. 80

Unité 0 — C'est parti !

Livre de l'élève pp. 10-13

1 Associe les mots aux dessins correspondants en suivant le fil des ballons.

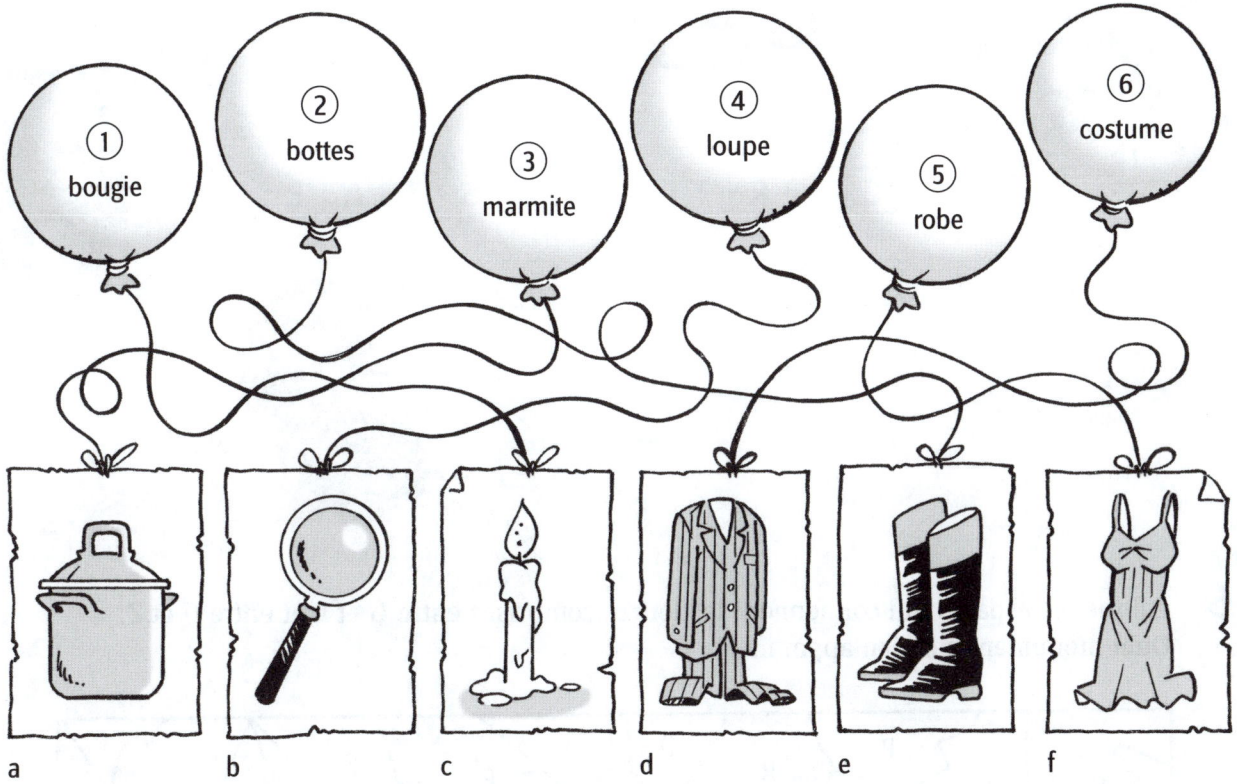

a   b   c   d   e   f

2 Remets les lettres dans l'ordre pour former des mots.

1 E-I-O-B-U-G : **bougie**
2 O-T-B-T-E-S : _____
3 T-A-M-I-M-E-R : _____
4 P-E-L-U-O : _____
5 B-E-R-O : _____
6 O-S-C-M-E-U-T : _____

3 Écris les lettres qui précédent et qui suivent celles données.

1

2

3

4

5

6

0 C'est parti !

4 Complète les mots croisés.

5 Colorie les espaces qui contiennent les lettres comprises entre G et L et entre U et Z. Quel monument parisien apparaît ?

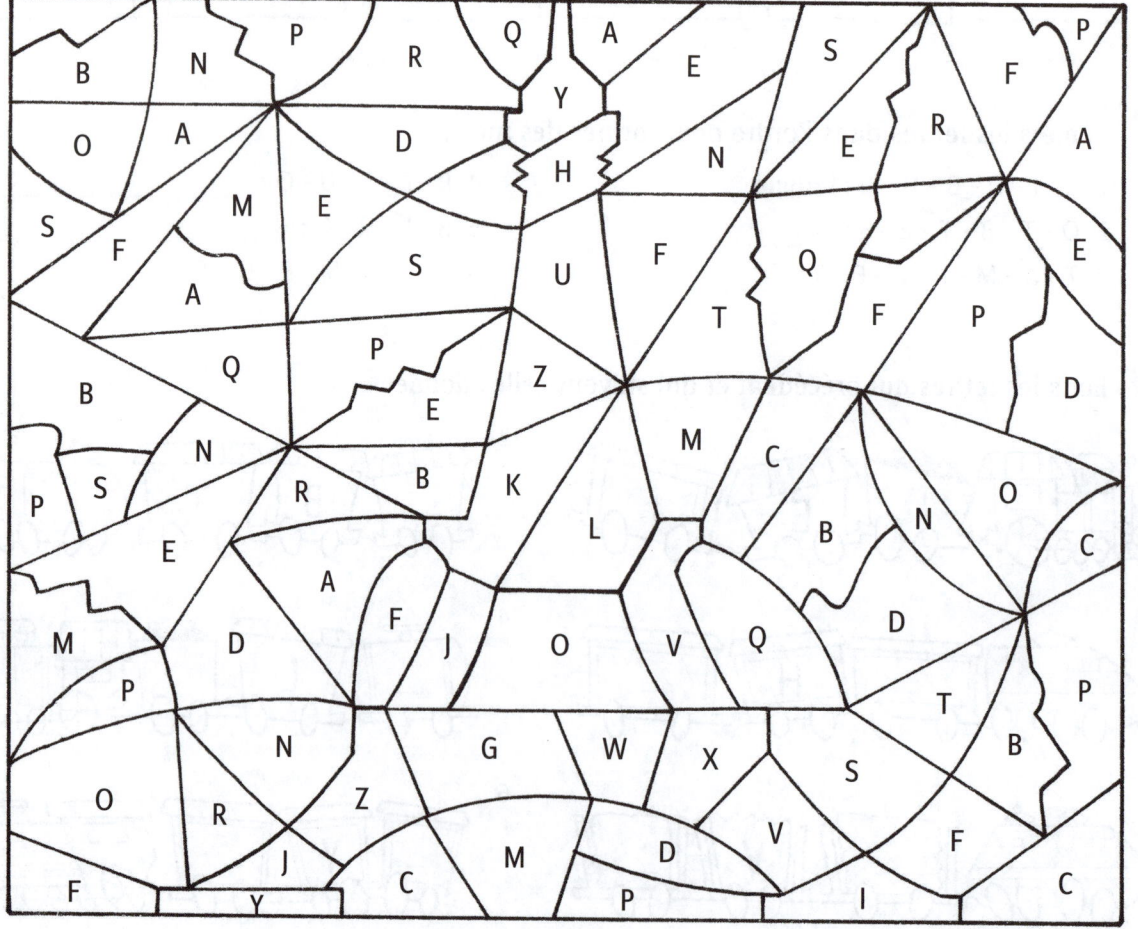

Unité 1 — Salut !

Livre de l'élève pp. 14-15

1 Écoute de nouveau les dialogues de la page 14 du livre de l'élève et complète-les. Écris sous chaque illustration le numéro du dialogue correspondant.

A ☐

B ☐

C ☐

D ☐

1 ■ **Salut**, Patricia !
   ☐ Eh ! _____, Nathalie ! Ça va ?
   ■ Oui, très bien. Et toi ?
   ☐ Ça va.

2 ■ Regarde... Qui _____ ?
   ☐ _____ madame Pons, une monitrice.
   ■ Et lui, comment il s'appelle ?
   ☐ Il s'appelle Nabil.

3 ■ _____, madame. Vous êtes la monitrice de sport ?
   ☐ Oui, je suis madame Pons.

4 ■ Bonjour, monsieur.
   ☐ Bonjour, comment tu _____ ?
   ■ Je _____ Caroline Berthelot.
   ☐ Berthelot ? Comment ça s'écrit ?
   ■ B, E, R, T, H, E, L, O, T.
   ☐ Ber-the-lot. Voici ton dossard.
   ■ Merci. _____ .

5 ■ _____ ! Je suis un copain de Pauline.
   ☐ Comment tu _____ ?
   ■ Lucas, et toi ?
   ☐ François !

cinq 5

1 Les mots

Livre de l'élève, pp. 16-17

1 Colorie en bleu les mots masculins et d'une autre couleur les mots féminins de l'unité 0 et de l'unité 1.

2 Maintenant, classe ces mots dans l'ordre alphabétique.

boulangerie,

Livre de l'élève, pp. 18-19

Communication 1

1 Que disent ces personnes ? Complète les vignettes.

• salut (x 2) • ça va • ~~au revoir~~ • bonjour (x 2) • bonne nuit

■ **Au revoir**, madame Fabre.
☐ Au revoir, monsieur.

■ _____, François !
☐ _____, Marie !

■ _____, François !

■ Bonjour, Dominique.
☐ _____, monsieur.

■ _____ ?
☐ Oui, très bien !

■ _____, monsieur !
☐ Salut, François !

2 Écris les dialogues.

● Toi,   ☐ ○ Les autres personnes

Tu es dans une école française pour apprendre le français. Une copine de classe (Marine) arrive. 1) Elle te salue et 2) tu réponds à son salut. 3) Elle te demande comment tu vas. 4) Tu lui réponds que tu vas bien.

○ 1 _____
● 2 _____
○ 3 _____
● 4 _____

Tu es dans la cour de l'école et un garçon que tu ne connais pas arrive. 5) Tu demandes à Marine qui c'est. 6) Elle te répond que c'est David.

● 5 _____
○ 6 _____

7) David te demande comment tu t'appelles et 8) tu lui réponds.

☐ 7 _____
● 8 _____

David a un objet dans la main. 9) Tu lui demandes ce que c'est et 10) il te répond que c'est un portable.

● 9 _____
☐ 10 _____

Marine s'en va et 11) tu lui dis au revoir. Un autre garçon arrive et 12) te demande qui est la fille qui vient de partir. 13) Tu lui réponds.

● 11 _____
☐ 12 _____
● 13 _____

sept 7

1 La grammaire ? Facile !

Livre de l'élève pp. 20-21

Les articles indéfinis

1 Complète le tableau avec les articles indéfinis.

	Masculin	Féminin
Singulier	_____ copain	_____ copine
Pluriel	_____ copains	_____ copines

2 Complète avec *un, une, des*.

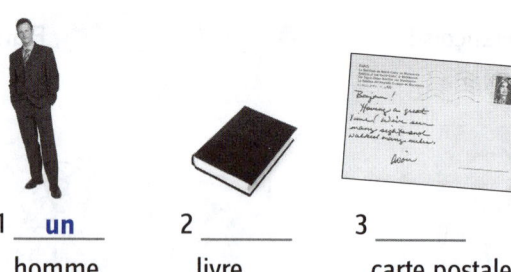

1 __un__ homme
2 _____ livre
3 _____ carte postale

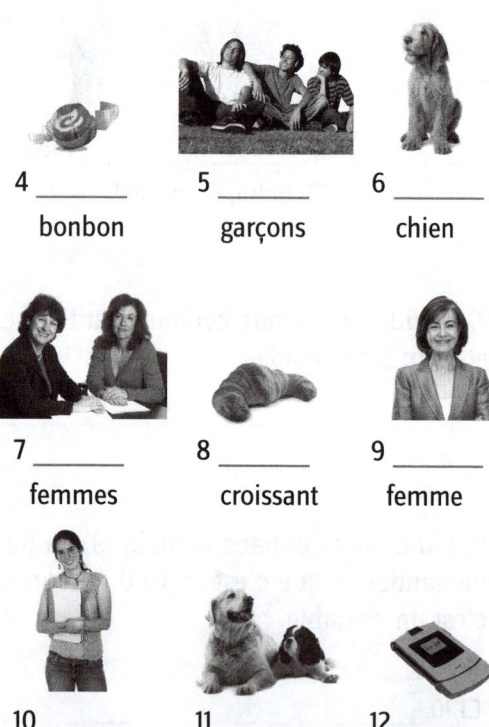

4 _____ bonbon
5 _____ garçons
6 _____ chien
7 _____ femmes
8 _____ croissant
9 _____ femme
10 _____ fille
11 _____ chiens
12 _____ portable
13 _____ garçon
14 _____ hommes
15 _____ casquette

C'est / Ce sont

3 Écris les questions : *Qui c'est ? Qu'est-ce que c'est ?*

1 **Qu'est-ce que c'est ?**
C'est un gâteau au chocolat.
2 _____
C'est une copine de Valentine.
3 _____
C'est François.
4 _____
C'est un stylo.
5 _____
C'est une glace au chocolat.
6 _____
C'est Julie, une copine de Nicolas.

Les pronoms personnels sujets

4 Écoute et souligne le pronom personnel sujet que tu entends.

1 Je Tu __Elle__
2 Ils Elle Nous
3 Vous Tu Il
4 Elles Vous Je
5 Il Nous Tu
6 Elle Nous Je

5 Écris le texte en remplaçant les mots en caractère gras par un pronom personnel.

Regarde... **La fille** s'appelle Caroline, **le garçon** s'appelle Nabil. **Caroline et Nabil** sont mes amis. **La prof de français** s'appelle Charlotte Delvaux, **le prof d'anglais** s'appelle Robert Bloom. **Charlotte et Robert** sont super !

Regarde... Elle s'appelle Caroline, _____
_____
_____
_____
_____

8 huit

La grammaire ? Facile ! 1

Les verbes

6 Conjugue le verbe *s'appeler* au présent de l'indicatif.

	S'appeler
Je	**m'appelle**
Tu	_____
Il/Elle	_____
Nous	_____
Vous	_____
Ils/Elles	_____

Pour aller plus loin...

7 Associe les réponses aux questions correspondantes.

a C'est Antoine.
b Lucas et Benoît.
c Je m'appelle Stéphane.
d Il s'appelle Olivier.
e Non, elle s'appelle Caroline.
f Non, c'est un copain de Nicolas.
g Elle s'appelle Émilie.
h C'est un ballon.

1 Qu'est-ce que c'est ? ☐
2 Comment tu t'appelles ? ☐
3 Elle s'appelle Sarah ? ☐
4 Qui c'est ? **a**
5 Comment elle s'appelle ? ☐
6 Comment ils s'appellent ? ☐
7 C'est un copain de Thomas ? ☐
8 Comment il s'appelle ? ☐

8 Sur ton cahier, forme des phrases en unissant les éléments de chaque colonne.

Valentine	es	un homme
Vous	suis	des professeurs
Nous	êtes	**une collégienne**
Émilie et Pauline	**est**	des élèves
Tu	sont	un garçon
Je	sommes	des copines
Ils		des filles

9 Remets les mots en ordre et écris des phrases.

1 de Nicolas. / copine / est / Véronique / une
   Véronique est une copine de Nicolas.

2 ça / Salut / ? / Alexandre, / va
   _____

3 appelles / comment / t' / Bonjour, / ? / tu
   _____

4 toi / appelle / Je / m' / et / ? / Juliette,
   _____

5 dossard / ça / ? / Comment / s'écrit
   _____

6 monsieur / Au / Perrin / revoir
   _____

Sons et lettres

Livre de l'élève, p. 17

1 Ajoute les accents, l'apostrophe et la cédille où il faut.

1 le francais
2 une patisserie
3 un jus dorange
4 Cest Bruno.
5 un timbre
6 Ca va ?
7 Qui cest ?
8 merci
9 un college
10 une cafeteria

2 Souligne la syllabe sur laquelle tombe l'accent. Ensuite, écoute et vérifie.

1 Ca-ro-li-ne
2 Fran-çois
3 co-pi-ne
4 O-li-vier
5 por-ta-ble
6 mu-sée
7 pré-nom
8 li-brai-rie
9 al-pha-bet
10 gar-çon

neuf 9

 **Mes savoir-faire**

Livre de l'élève pp. 22-23

J'écoute

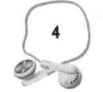 **1** Écoute et écris le numéro du dialogue qui correspond à chaque illustration.

 2 Écoute et associe les noms des élèves aux écoles qu'ils fréquentent.

	Nom et prénom		Collège
1	Lucas Martin	A	Frères Lumière d'Aubagne
2	Bastien Michel	B	Vincent Van Gogh d'Aix-en-Provence
3	Pierre Chabaud	C	Henri Bosco de Vitrolles
4	Marion Cantini	D	Nostradamus de La Fare les Oliviers
5	Hélène Lamanon	E	Frédéric Mistral de Velaux

1 ☐   2 ☐   3 ☐   4 ☐   5 ☐

Mes savoir-faire 1

Je lis

3 Lis les phrases et remets le dialogue en ordre.

1. ☐ J-U-L-I-E
2. ☐ Super !
3. ☐ Oui, ça va.
4. ☐ Qu'est-ce que c'est ?
5. [a] Salut, Chloé.
6. ☐ Julie ? Comment ça s'écrit ?
7. ☐ Salut ! Ça va ?
8. ☐ C'est une revue, « Julie ».

4 Lis le billet et coche si les affirmations sont vraies ou fausses.

Théâtre
LYON

Lucas, Floriane et Léa élèves du Collège Daudet vous invitent à voir les marionnettes.

Ils vous attendent !

	V	F
1 Lucas, Floriane et Léa sont des élèves.	☐	☐
2 Ils fréquentent le lycée.	☐	☐
3 Ils présentent un spectacle de marionnettes.	☐	☐
4 Le théâtre se trouve à Paris.	☐	☐

J'écris

5 Tu es en France l'été et tu veux t'inscrire au cours de danse. Complète la fiche d'inscription.

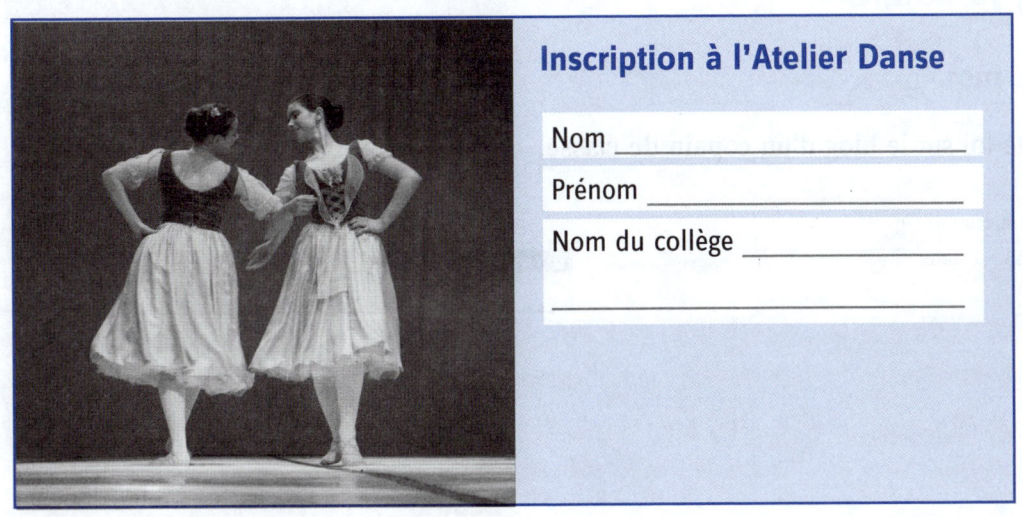

Inscription à l'Atelier Danse

Nom _____

Prénom _____

Nom du collège _____

_____

1 Je sais...

Tu es arrivé(e) à la fin de la première unité. Que sais-tu faire ?

À l'oral, je sais...

● **saluer.**

1 Tu arrives à l'école le matin. Tu salues un copain.

● **épeler des noms.**

2 À la maison, entraîne-toi à épeler ton prénom et ton nom, puis d'autres noms. En classe, choisis le nom d'un copain et épelle-le à un autre copain.

● **prendre congé.**

3 Tu dois rentrer à la maison, tu salues ton ami(e).

● **identifier des personnes et des choses.**

4 Regarde les photos, pose des questions et réponds.

1

2

3

4

À l'écrit, je sais...

● **parler de moi.**

5 Présente-toi sur le blog d'un copain de classe.

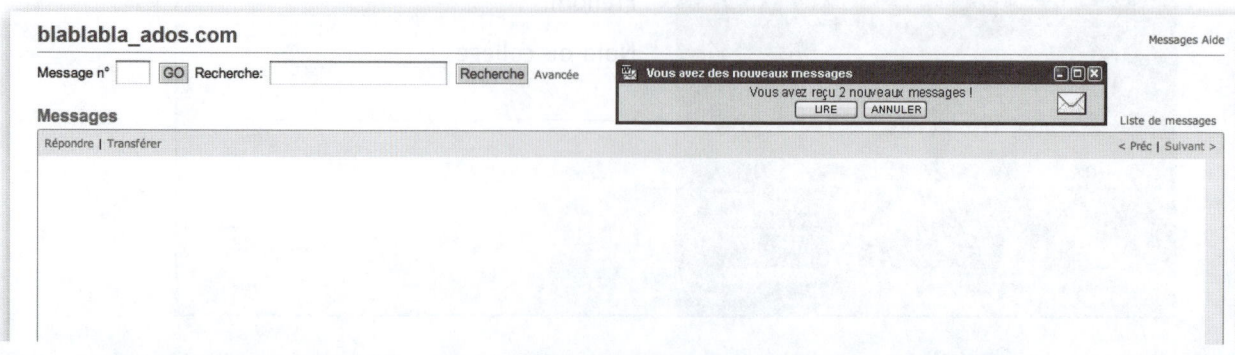

Unité 2 — Joyeux anniversaire !

Livre de l'élève pp. 24-25

1 Écoute de nouveau le dialogue de la page 24 du livre de l'élève et complète avec les mots qui manquent.

Caroline Regarde la photo : ce sont mes (1) **copains** et mes (2) _____ .
Justine C'est le jour de ton (3) _____ ?
Caroline Oui, c'est le jour de mon (4) _____, le (5) _____ .
Justine Quel (6) _____ tu as ?
Caroline J'ai (7) _____ !
Justine Et tes (8) _____ ?
Caroline Patricia, elle a (9) _____ . C'est elle, regarde, elle (10) _____ ! Son (11) _____ est le (12) _____ . Nathalie, elle a (13) _____ et son (14) _____ est le (15) _____ .
Justine Elles (16) _____ où ? À Biarritz ?
Caroline Non, elles (17) _____ à Bayonne. Moi, j'(18) _____ à Biarritz.
Justine Et les (19) _____ ?
Caroline Ah, oui... les garçons. Ils (20) _____ à Anglet.
Justine Quel (21) _____ ils ont ?
Caroline Lucas, il a (22) _____ et son (23) _____ est le (24) _____ . Et Nabil, il a (25) _____ et son (26) _____ est le (27) _____ . Et toi, où tu (28) _____ ? Quel (29) _____ tu as ?

2 Relis le dialogue page 24 du livre de l'élève et complète les phrases.

1 C'est Nathalie. Elle a **onze** ans.
2 C'est Nabil. _____
3 C'est Patricia. _____
4 C'est Lucas. _____

3 Choisis l'expression appropriée et écris les phrases correctes.

1 Théo, *il est* / *il a* trois ans.
   Théo, il a trois ans.

2 Je *m'appelle* / *j'ai* Charles, j'ai *l'anniversaire* / *vingt ans*.
   _____

3 L'anniversaire de Caroline *ai* / *est* le *dix ans* / *dix mars*.
   _____

4 Et toi, quel *anniversaire* / *âge* tu as ?
   _____

treize 13

2 Les mots

Livre de l'élève pp. 26-27

1 Écris en lettres les chiffres suivants.

21 ___vingt et un___

19 _____   27 _____   14 _____

15 _____   25 _____   9 _____

24 _____   12 _____   26 _____

22 _____   13 _____   31 _____

8 _____   17 _____   23 _____

2 Complète la grille avec les noms des mois et des saisons. Ensuite, écris sous chaque photo le nom de la saison.

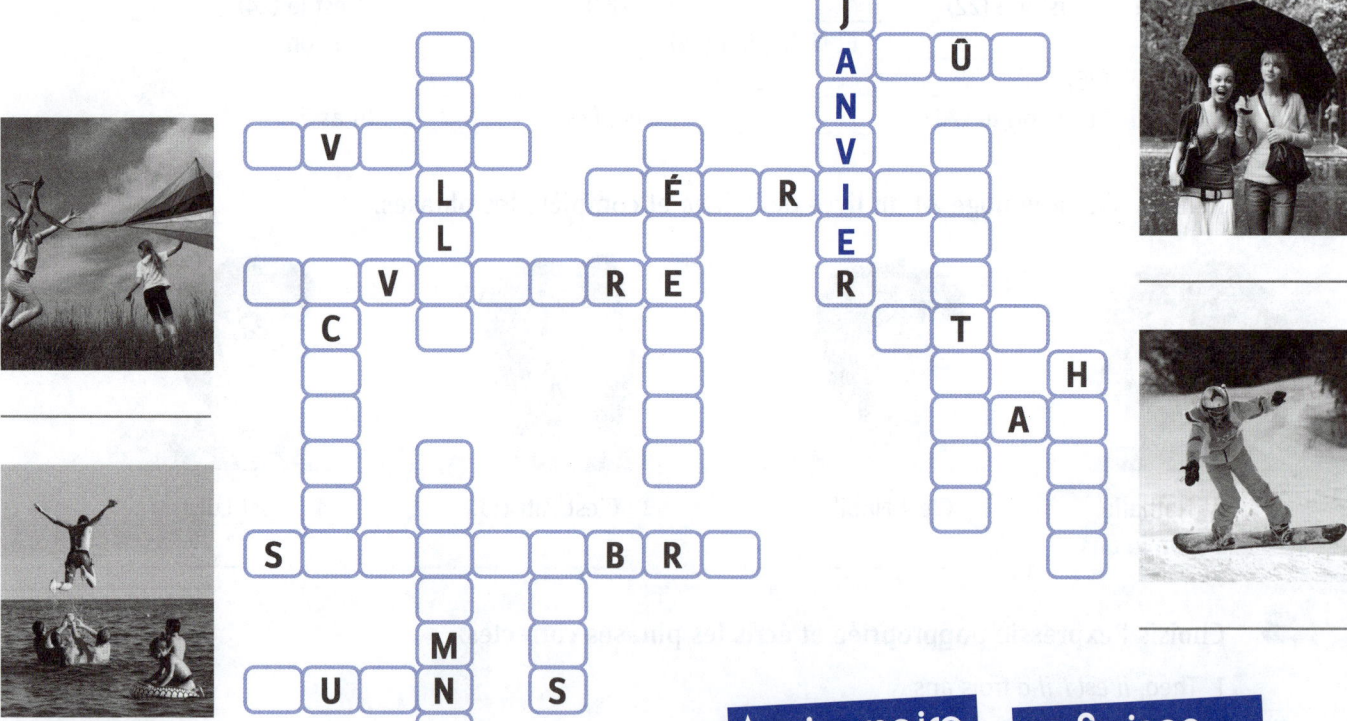

3 En quelle saison fête-t-on ces anniversaires ?

Anniversaire	Saison
trois janvier	hiver
treize juillet	
dix octobre	
quatorze mars	
vingt-six août	
deux février	

Livre de l'élève pp. 28-29

Communication 2

1 Complète les présentations.

Véronique
11 ans - 12/04
Cannes

Martin
10 ans - 23/11
Toulon

Sarah
12 ans - 31/05
Valence

1 Je m'appelle **Véronique**.
   J'ai _____ ans.
   Mon anniversaire est le
   _____ avril.
   J'habite à _____ .

2 Je m'appelle _____ .
   J'ai _____ .
   Mon _____ est
   le _____ .
   J'habite à _____ .

3 _____ .
   _____ .
   Mon _____ est
   _____ .
   J'_____ à _____ .

2 Associe les questions et les réponses.

1 Comment tu t'appelles ?
2 Quel âge tu as ?
3 C'est quand ton anniversaire ?
4 Où tu habites ?

a Le 26 juillet.
b Sandra.
c À Marseille.
d 11 ans.

3 Maintenant, c'est Marine qui répond aux questions de l'exercice précédent. Écris ses réponses.

1 **Je m'appelle Marine.**
2 _____
3 _____
4 _____

PRÉNOM	Marine
VILLE	Bruxelles
ÂGE	13
ANNIVERSAIRE	23 octobre

4 Remets le dialogue suivant en ordre.

1 ☐ *Vincent*   C'est quand ton anniversaire ?
2 ☐ *Julie*   Julie, et toi ?
3 ☐ *Julie*   À Paris.
4 **a** *Julie* Salut !
5 ☐ *Julie*   J'ai douze ans.
6 ☐ *Vincent*   À Lille. Et toi ?
7 ☐ *Vincent*   Salut ! Comment tu t'appelles ?
8 ☐ *Julie*   Le dix février. Où tu habites ?
9 ☐ *Vincent*   Vincent. Quel âge tu as ?

quinze 15

2 La grammaire ? Facile !

Livre de l'élève pp. 30-31

Les articles définis

1 Classe les mots sous l'article correspondant.

• ~~casquette~~ • stylo • croissant • automne • copain • librairie • timbre • gâteaux • amie • copines • noms • saisons • cafétéria • villes • classes • garçon • fille • drapeaux

le	la
	casquette

l'	les

2 Écoute et complète avec les articles.

1 **l'**été
2 _____ hiver
3 _____ prénom
4 _____ pays
5 _____ âge
6 _____ anniversaire
7 _____ fille
8 _____ gâteau

3 Remplace *un*, *une*, par l'article défini.

1 une **la** montagne
2 une _____ photo
3 un _____ jus d'orange
4 un _____ nombre
5 un _____ homme
6 une _____ gomme
7 un _____ ami
8 un _____ bonbon

4 Entoure l'article correct parmi ceux proposés.

1 *L'* / *Un* anniversaire de Lucas est *une* / *le* treize juillet.
2 *Le* / *Un* copain de Patricia est Nabil.
3 Qu'est-ce que c'est ? C'est *une* / *la* gomme.
4 J'ai *une* / *la* copine, elle s'appelle Nathalie.
5 J'ai *un* / *le* gâteau au chocolat.

Le pluriel des noms

5 Transforme les mots des exercices 2 et 3 au pluriel.

les étés _____
_____
_____
_____
_____

Les adjectifs possessifs

6 Complète avec les adjectifs possessifs (n'utilise pas toujours les adjectifs à la même personne).

mon	amie		portable
	collège		gomme
	copine		timbre
	anniversaires		orange
	ballon		élèves

16 seize

La grammaire ? Facile ! 2

Les verbes

7 Complète avec le pronom personnel sujet.

1 J'habite
2 _____ habitons
3 _____ fêtons
4 _____ ont
5 _____ parles
6 _____ invitons
7 _____ aimes
8 _____ regarde
9 _____ habitent
10 _____ avez

8 Complète les phrases avec les formes verbales de l'exercice 7.

1 Tu **aimes** les oranges ?
2 Nous _____ à Biarritz.
3 Mes copains Antoine et Martin _____ 11 ans.
4 Nous _____ l'anniversaire de Juliette.
5 Quel âge vous _____ ?
6 Nous _____ Arthur et David à la fête.
7 Ils _____ à Lyon.
8 Tu _____ français ?

9 Complète les phrases en conjuguant les verbes entre parenthèses au présent.

1 Elles **parlent** (parler) à Patricia.
2 Vous _____ (aimer) les gâteaux.
3 Ils _____ (regarder) les drapeaux.
4 Ils _____ (aimer) l'été.
5 Nous _____ (regarder) les livres.
6 Elles _____ (avoir) deux chiens.
7 Vous _____ (habiter) à Bordeaux.
8 Il _____ (avoir) un portable.

Pour aller plus loin...

10 Sur ton cahier, écris au moins 6 phrases en employant les mots et les expressions ci-dessous et en conjuguant correctement les verbes données.

J'	avoir	l'anniversaire de Paul.
Marina	porter	les croissants.
Ils	fêter	les copines de Sarah.
Léa et Juliette	regarder	les livres.
Nous	appeler	Aurélie.
François		la montagne.
Nabil		un stylo.

11 Traduis dans ta langue les phrases suivantes.

1 Quel âge ont Arthur et David ?
   _____
2 Et vous ? Quel âge avez-vous ?
   _____
3 Léa a dix ans et son anniversaire est le deux mars.
   _____
4 Je fête l'anniversaire de Lucas.
   _____
5 Les filles habitent à Toulouse et les garçons habitent à Biarritz.
   _____
6 Pauline et Sarah habitent à Lyon ?
   _____

Sons et lettres

Livre de l'élève p. 27

1 Lis les mots et souligne le « e » en fin de mot que tu ne dois pas prononcer. Écoute et vérifie.

- Justin<u>e</u>
- bébé
- petite
- douze
- copine
- anniversaire
- René
- fille
- blonde
- onze
- verte
- été

dix-sept 17

2 Mes savoir-faire

Livre de l'élève pp. 32-33

J'écoute

1 Écoute Adeline et associe les deux colonnes pour former des phrases correctes.

1 Adeline a
2 Lisa a onze ans et son anniversaire est
3 Guillaume a douze ans et son anniversaire est
4 Bruno a dix ans et son anniversaire est
5 Mélanie a treize ans et son anniversaire est
6 Valentine a quatorze ans et son anniversaire est
7 Paul a quinze ans et son anniversaire est

a le 13 décembre.
b le 14 mars.
c le 12 mars.
d le 18 janvier.
e le 21 septembre.
f le 20 juillet.
g six cybercopains.

2 Écoute de nouveau Adeline. Où habitent les six copains ?

Lisa	Guillaume	Bruno	Mélanie	Valentine	Paul
Limoges	_____	_____	_____	_____	_____

Classe les amis d'Adeline par âge, du plus petit au plus grand.

☐ Lisa   ☒ 1 Bruno   ☐ Paul   ☐ Mélanie   ☐ Guillaume   ☐ Valentine

Je lis

3 Lis le *chat* entre Ludo et Cécile et complète le tableau.

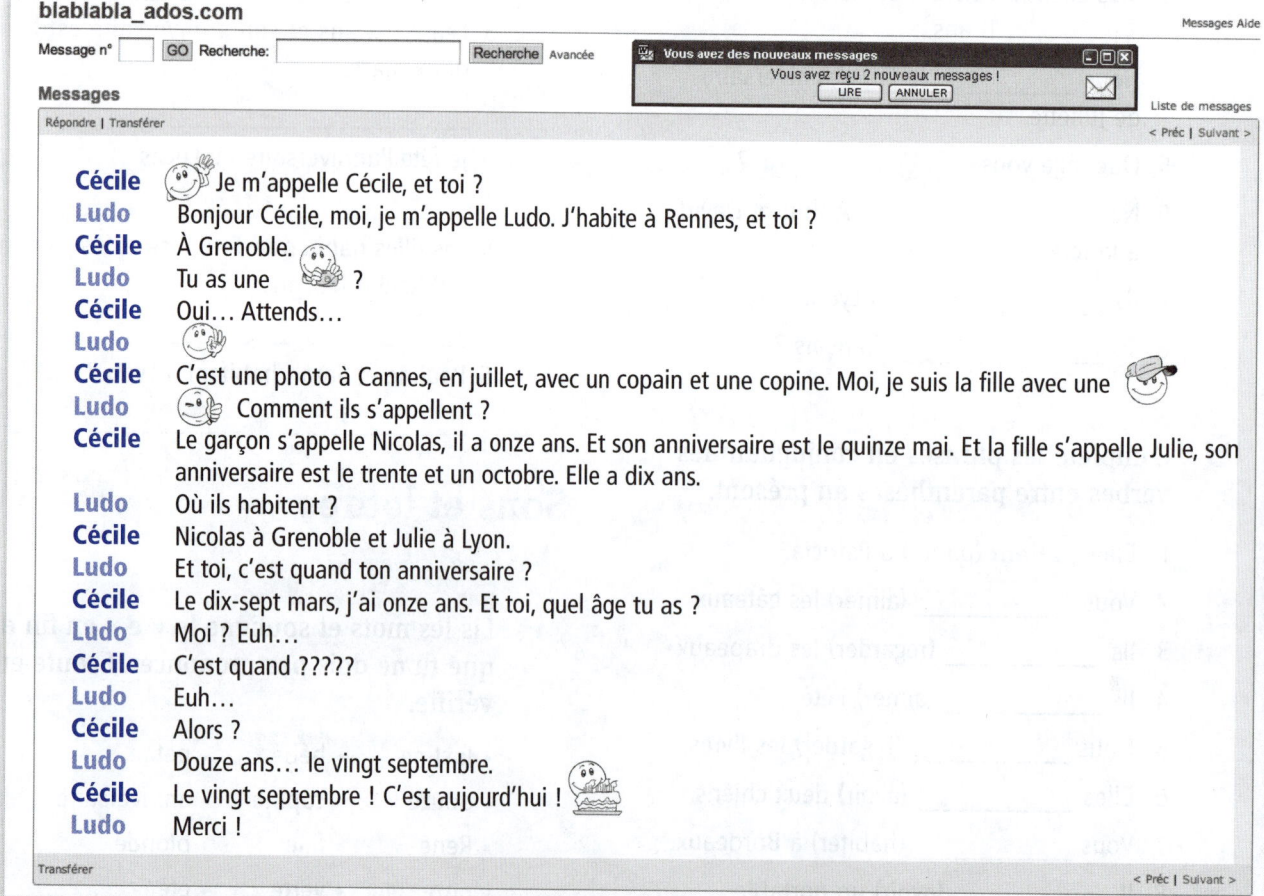

Mes savoir-faire 2

	Ville	Âge	Anniversaire
1 Ludo			
2 Cécile			
3 Nicolas			
4 Julie			

4 *J'écris une lettre !* Observe la photo de Juliette et de ses amis au mois de juillet à la mer et lis les didascalies.

Sylvie. 12 ans. 25/10. Nice.
Coralie. 11 ans. 14/06. Paris.
Martin. 12 ans. 21/04. Brest.
Hugo. 12 ans. 30/07. Poitiers.
David. 13 ans. 19/02. Rennes.
JULIETTE

5 Imagine que tu es Juliette et complète la lettre qu'elle écrit à Stéphanie.

> Nantes, le trois décembre
>
> Coucou Stéph' !
> Ça va ?
> Comme promis, voici une photo de mes copains à la plage au mois de juillet.
> De gauche à droite :
> - Sylvie : elle a douze ans et son anniversaire est le vingt-cinq octobre. Elle habite à Nice.
> - Hugo : il a _____.
> - Coralie : elle a _____.
> - Martin : il a _____.
> - David : _____.
> Bisous !
> Juliette

J'écris

6 Maintenant, écris sur ton cahier une lettre dans laquelle tu décris tes copains.

2 Je sais...

Tu es arrivé(e) à la fin de l'unité 2. Que sais-tu faire ?

À l'oral, je sais...

demander et dire l'âge et l'anniversaire.

1 Un nouveau camarade arrive dans ta classe. Après les présentations, tu lui demandes son âge et le jour de son anniversaire.

demander et dire où on habite.

2 Tu es à la mer et tu te fais une nouvelle amie. Tu lui demandes où elle habite.

À l'écrit, je sais...

souhaiter un anniversaire.

3 Écris un message à Marion pour lui souhaiter un bon anniversaire.

Marion Lefèbre
12, rue des Collines
26000 Valence

Unité 3 — J'adore !

Livre de l'élève pp. 34-35

1 Écoute de nouveau le dialogue de la page 34 du livre de l'élève et complète la conversation.

Caroline Regardez ! Un article sur le joueur de tennis espagnol Rafael Nadal. (1) **C'est génial** le tennis ! Et Rafael Nadal… il est (2) _____, (3) _____ et il a les (4) _____. Est-ce que tu aimes le tennis, Patricia ?

Patricia Non, je (5) _____ ça, (6) _____ ! Je (7) _____ le basket (8) _____ !

Caroline Un article sur la musique… Sur Céline Dion, la chanteuse canadienne ! Tu aimes ?

Patricia J'(9) _____ !

Caroline Eh Nath regarde ! Des photos de Kylie Minogue, ta chanteuse préférée !

Lucas Kylie Minogue ? Qui c'est ?

Nathalie C'est une chanteuse australienne, (10) _____ avec les (11) _____.

Lucas Euh… Elle est comment ?

Nathalie Mais oui… Elle est (12) _____ et (13) _____, et elle…. .

Lucas Ah ! Oui, oui ! Je sais, je sais !

Caroline Et Monica Bellucci, vous aimez ?

Lucas Monica Bellucci ?

Patricia Oui ! C'est une actrice italienne, elle est (14) _____ et (15) _____, avec les (16) _____ et (17) _____. Elle parle français, elle habite à Paris, et elle…

Lucas Ah ! Oui, oui !

Caroline Woua ! Leonardo DiCaprio, mon acteur préféré !

Lucas Le-o-nar-do-Di-Ca-pri-o ! Je (18) _____ les films d'amour !

Caroline Lucas ! Mon magazine !

2 Qui dis quoi ? Écris les prénoms.

1 C'est génial le tennis. C'est **Caroline**.
2 Je préfère le basket. C'est _____
3 Je déteste les films d'amour. C'est _____
4 Je n'aime pas ça. C'est _____

3 Associe les personnages aux adjectifs.

Rafael Nadal
Kylie Minogue
Monica Bellucci

italienne
brun
grande
australienne
petite
espagnol
blonde
mince
brune
grand

vingt et un 21

3 Les mots

Livre de l'élève pp. 36-37

1 Complète les phrases comme dans l'exemple.

1 Il s'appelle Stelios, il habite à Athènes, il est **grec**.

2 Il s'appelle Miguel, il habite à Madrid, il est _____.

3 Il s'appelle Guillaume, il habite à Nice, il est _____.

4 Elle s'appelle Chi Linh, elle habite à Pékin, elle est _____.

5 Elle s'appelle Hélène, elle habite à Québec, elle est _____.

6 Il s'appelle David, il habite à Dublin, il est _____.

2 Regarde les photos et dis de quelle nationalité sont les personnes.

 SUISSE
 ITALIE

1 **Il est suisse.**   2 _____

 ESPAGNE
 MAROC

3 _____   4 _____

 FRANCE
 CHINE

5 _____   6 _____

3 Qui travaille ici ? Écris la profession sous chaque illustration.

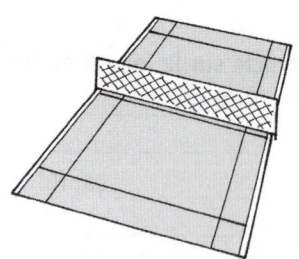
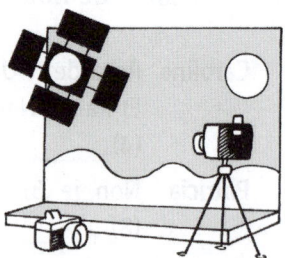

1 **Un joueur de tennis.**   2 _____

3 _____   4 _____

5 _____   6 _____

4 Écoute l'enregistrement et complète la description avec les mots qui manquent.

Bonjour, je m'appelle Lassana et j'habite au Sénégal.
J'ai 11 ans et je cherche des correspondants.
Je suis _____ et _____ .
Eh oui, j'aime les desserts. Je suis _____ et j'ai les _____ et _____ . Mes _____, ils sont _____ . J'adore le foot.
Et vous ?

22 vingt-deux

Livre de l'élève pp. 38-39

Communication 3

1 Remets les phrases du dialogue en ordre.

1. ☐ *Anne* — Moi aussi, je parle français et anglais.
2. ☐ *Sandrine* — Oui, je parle français, anglais et allemand. Et toi, Medhi ?
3. ☐ *Anne* — Moi, je suis belge de Bruxelles. Et toi, Medhi ?
4. ☐ *Anne* — Casablanca ? Et toi, Sandrine ?
5. ☐ *Medhi* — Moi, je suis marocain, de Casablanca.
6. ☐ *Sandrine* — Moi, je suis de Genève.
7. ☐ *Medhi* — Tu parles bien français ?
8. **a** *Anne* — Tu es belge, Sandrine ?
9. ☐ *Medhi* — Moi, je parle français et anglais, mais je ne parle pas allemand.
10. ☐ *Sandrine* — Non, je suis suisse. Et toi ?

2 Complète le dialogue avec les phrases qui manquent.

Juliette — Alors, Maria, tu es d'où ?
Maria — **Je suis de Rome et toi ?**
Juliette — De Rome ? ... Moi, je suis de Québec.
Maria — _____
Juliette — Oui, je parle français et je suis canadienne. Et tu es de quelle nationalité ?
Maria — _____
Juliette — Et ta copine, qui c'est ?
Maria — _____
Juliette — Bonjour, Hikari. Tu es de Pékin alors ?
Hikari — _____

3 Observe les illustrations. Que se disent-ils ? Écris les dialogues.

1. ■ **Tu aimes la natation ?**
   ☐ **Non, je n'aime pas la natation, et toi ?**
   ■ **Moi, j'adore !**

2. ■ _____
   ☐ _____
   ■ _____

3. ■ _____
   ☐ _____
   ■ _____

4. ■ _____
   ☐ _____
   ■ _____

5. ■ _____
   ☐ _____
   ■ _____

6. ■ _____
   ☐ _____
   ■ _____

3 La grammaire ? Facile !

Livre de l'élève pp. 40-41

La formation du féminin

1 Écoute l'enregistrement et coche si les mots sont masculins ou féminins.

	Masculin	Féminin
1	☐	☒
2	☐	☐
3	☐	☐
4	☐	☐
5	☐	☐
6	☐	☐
7	☐	☐
8	☐	☐
9	☐	☐
10	☐	☐
11	☐	☐
12	☐	☐

2 Maintenant, écris des phrases au féminin en employant les adjectifs que tu connais.

1 **Laura est petite et blonde.**
2 _____
3 _____
4 _____
5 _____
6 _____

3 Transforme le texte au féminin.

Marco est un garçon italien bavard et sympa. Il est grand, brun et mince. Il est souriant et aime la musique. En effet, il est musicien.

Marie est une fille _____
_____
_____
_____
_____

La forme interrogative

4 Mets les mots en ordre et écris correctement les questions.

1 regarder / aiment / télé / - / ils / la / ?
   Aiment-ils regarder la télé ?
2 tu / est-ce que / français / parles / ?
   _____
3 - / aimez / les / vous / fraises / ?
   _____
4 est-ce qu' / lunettes / elle / des / porte / ?
   _____
5 ils / douze / ont / ans / est-ce qu' / ?
   _____
6 - / habitent / à / ils / Paris / ?
   _____

5 Écris les phrases de l'exercice 4 en utilisant une autre forme interrogative.

1 Aiment-ils regarder la télé ?
   Est-ce qu'ils aiment regarder la télé ?
2 _____
3 _____
4 _____
5 _____
6 _____

La forme négative

6 Transforme les phrases suivantes à la forme négative comme dans l'exemple.

1 Tu aimes le tennis.
   Tu n'aimes pas le tennis.
2 Ils habitent à Marseille.
   _____
3 Il s'appelle Léonardo.
   _____
4 J'ai les cheveux longs et frisés.
   _____
5 Ils sont anglais.
   _____
6 Valérie est française.
   _____

24 vingt-quatre

La grammaire ? Facile ! 3

7 Observe les photos et réponds aux questions en utilisant la forme négative.

1 Tu aimes le basket ?
Non, je n'aime pas le basket, j'aime la natation.

2 Est-qu'il aime les fraises ? _____
_____

3 Caroline aime-t-elle danser ? _____
_____

4 Manuela est-elle française ? _____
_____

5 Yves habite-t-il à Paris ? _____
_____

6 Elles sont actrices ?
_____
_____

Les verbes

8 Complète les phrases en conjuguant les verbes suivants au présent.

• ~~aimer~~ • habiter • adorer • parler
• détester • chanter • danser

1 Je n'**aime** pas les jeux vidéo.
2 Noémie _____ les films d'amour.
3 Lucas _____ français.
4 Ils _____ à Marseille ?
5 Nathalie _____ et ses copines _____.
6 Mes amies _____ la natation.

Pour aller plus loin...

9 Traduis ces phrases dans ta langue.

1 Tu aimes jouer sur Internet ?
_____

2 Mon ami est informaticien.
_____

3 La fille française adore chanter.
_____

4 Tu habites à Londres ? Non, moi, j'habite à Nantes.
_____

5 Ma copine a les cheveux courts.
_____

6 Vous aimez les chats ?
_____

Sons et lettres

Livre de l'élève p. 37

1 Écoute l'enregistrement et coche quand tu entends une question.

	Question
1	☒
2	☐
3	☐
4	☐
5	☐
6	☐

vingt-cinq **25**

3 Mes savoir-faire

Livre de l'élève pp. 42-43

J'écoute

 1 Écoute les descriptions et complète les fiches. Ensuite, retrouve le prénom des personnages dessinés.

1 _____ 2 _____ 3 _____ 4 _____

	Laurent	Amélie	Julien	Justine
taille				
cheveux		**brune**		
yeux				
goûts				**adore danser**
nationalité				

Je lis

2 Lis les messages et choisis la réponse correcte.

Je suis Michel. J'aime les photos et je parle français, anglais et espagnol. J'aime l'Italie et je cherche un italien pour des cours de langues. Téléphonez au 06 0456 78

Je suis un collégien espagnol. J'aime les dessins des BD et je cherche des BD japonaises. Pablo

J'ai 11 ans et en août je passe mes vacances à l'Île de Ré. Est-ce que tu seras là-bàs ? Camping Le Remoneau. Cherche Frédéric Romain.

Je suis marseillaise, j'aime l'Irlande et j'aime voyager. J'aime correspondre avec des filles ou garçons irlandais. Écrivez-moi ! Monique

Mes savoir-faire 3

1. Qui veut apprendre l'italien ?
   - [ ] Frédéric
   - [ ] Monique
   - [ ] Pablo
   - [ ] Michel

2. Qui cherche un copain pour les vacances à l'Île de Ré ?
   - [ ] Frédéric
   - [ ] Monique
   - [ ] Pablo
   - [ ] Michel

3. Qui aime l'Irlande ?
   - [ ] Frédéric
   - [ ] Monique
   - [ ] Pablo
   - [ ] Michel

4. Qui cherche des BD japonaises ?
   - [ ] Frédéric
   - [ ] Monique
   - [ ] Pablo
   - [ ] Michel

3 Maintenant, lis le message de Abigail. À qui répond-elle ?

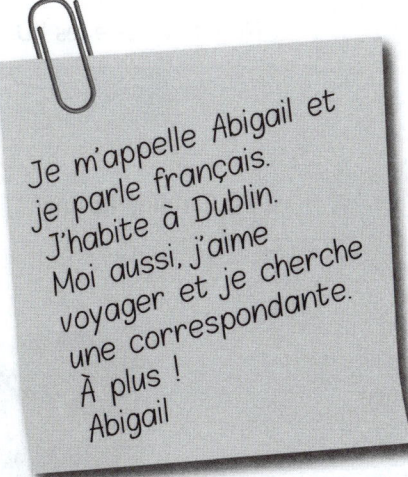

Je m'appelle Abigail et je parle français. J'habite à Dublin. Moi aussi, j'aime voyager et je cherche une correspondante. À plus ! Abigail

Abigail veut correspondre avec _____

J'écris

4 Écris un mail à ton correspondant pour lui raconter ce que tu aimes et pour lui demander ce qu'il préfère.

Souviens-toi de :
- saluer ;
- parler de tes goûts en général et de ton personnage préféré ;
- demander ses goûts et ses préférences ;
- dire au revoir.

vingt-sept 27

3 Je sais...

Tu es arrivé(e) à la fin de l'unité 3. Que sais-tu faire ?

À l'oral, je sais...

poser des questions.

1 Pose une ou plusieurs questions en utilisant les phrases et les mots suivants.

- Elle est grande et grosse.
- **Comment est ta copine ?**
- **Elle est comment ?**
- tennis
- Non, il est photographe.
- Oui, j'habite à Paris.
- Non, je préfère les bananes.
- Non, je déteste les BD.
- J'ai 12 ans.
- Je suis italienne.
- C'est Carolina Kostner.

décrire des personnes.

2 Décris cette fille qui rêve de devenir championne de patinage à partir de la photo et de sa fiche. Prépare-toi à en parler en classe.

Prénom : Constance
Nom : Jouval
Anniversaire : 20 septembre
Taille : 1,69 m
Domicile : Poitiers
Profession : étudiante
Rêve : devenir championne de patinage
Moniteur : Frédéric Kroster

À l'écrit, je sais...

exprimer mes goûts.

3 Imagine et écris un texte de 40-50 mots pour décrire les goûts et les préférences de Constance Jouval. Tu trouveras des indices ci-dessous.

- Madonna • Brian Joubert • Johnny Depp • Paulo Coelho • le printemps
- lire • dessiner • le sport • dormir • faire des promenades • le gâteau au chocolat

_____
_____
_____
_____

Unité 4 Dans ma classe, il y a...

Livre de l'élève pp. 48-49

15

1 Écoute de nouveau le dialogue de la page 48 du livre de l'élève et coche les affirmations correctes.

1 Dans la classe de Nabil, il y a
   a ☐ vingt tables.
   b ☒ une armoire.
   c ☐ une chaise.

2 Dans la classe, il y a aussi
   a ☐ vingt chaises.
   b ☐ une fenêtre.
   c ☐ deux bureaux.

3 Nabil parle de
   a ☐ trois copines.
   b ☐ deux copines.
   c ☐ trois copines et trois copains.

4 Dans la trousse de Nicolas, il y a
   a ☐ des bonbons.
   b ☐ une règle.
   c ☐ des stylos.

5 Lucas a
   a ☐ deux gommes.
   b ☐ deux crayons.
   c ☐ deux règles.

6 Lucas donne son stylo à
   a ☐ Patricia.
   b ☐ Nathalie.
   c ☐ Nicolas.

2 Maintenant, lis encore une fois le dialogue et complète les phrases. Associe les illustrations aux phrases correspondantes.

a   b   c   d   e   f

1 ☐ C'est un garçon. Il adore le collège et il est très intelligent : c'est **Florian**. Il est _____ .

2 ☐ C'est une fille. Elle est sérieuse et elle n'aime pas parler : c'est _____ .
   Elle est _____ .

3 ☐ C'est un garçon. Il est gentil, sympa, rigolo, intelligent et généreux : c'est _____ .
   Il est _____ !

4 ☐ C'est une fille. Elle est très sympa, mais elle ne trouve pas ses stylos : c'est _____ .
   Elle est très _____ .

5 ☐ C'est une fille. Elle n'aime pas le sport et elle est très rigolote : c'est _____ .
   Elle est _____ .

6 ☐ C'est un garçon. Il est bavard, généreux et il aime les bonbons : c'est _____ .
   Il est très _____ .

vingt-neuf **29**

4 Les mots

Livre de l'élève pp. 50-51

1 Observe les photos et complète la grille avec le vocabulaire de la classe et du matériel scolaire.

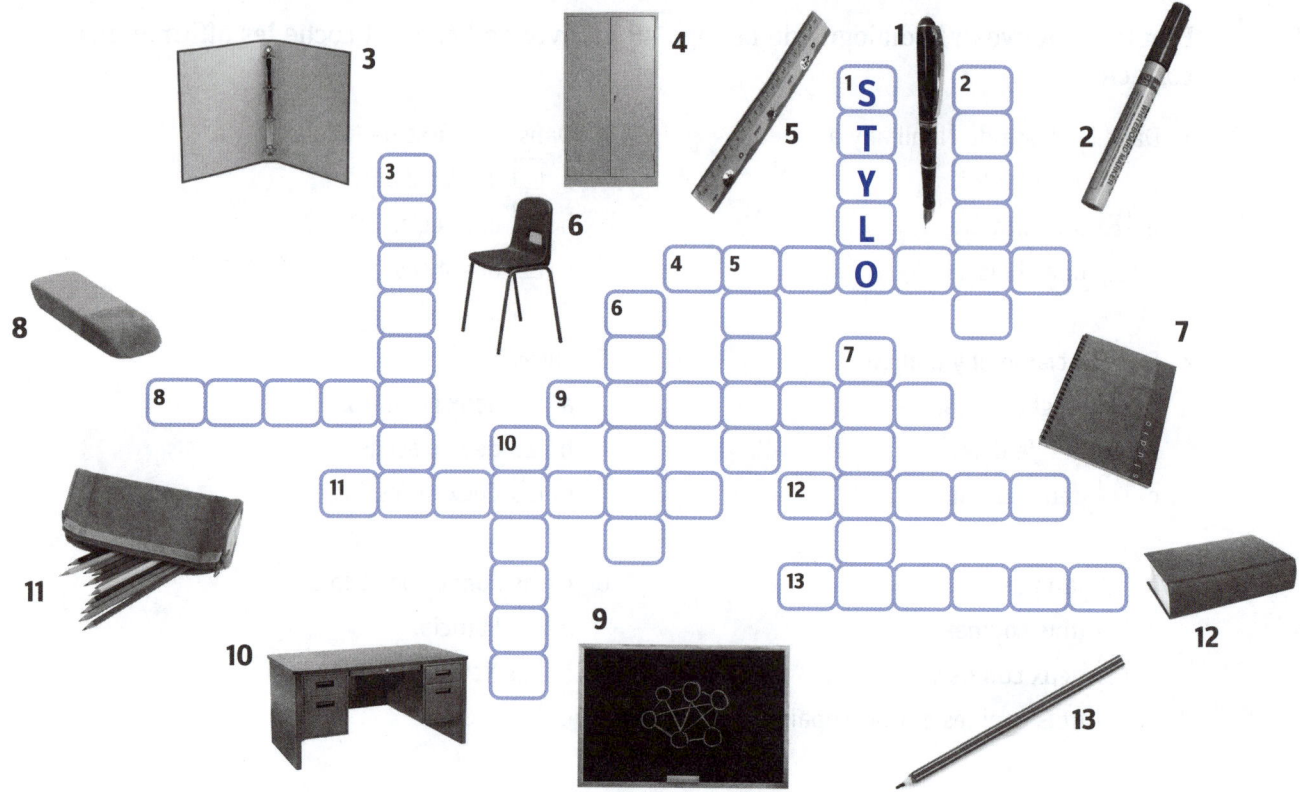

2 Cherche et souligne l'intrus.

1. sympa • timide • blond • intelligent
2. paresseuse • rigolote • mince • gentille
3. gentil • bavarde • grand • travailleur
4. gourmand • sympa • désordonné • brun
5. bavard • sérieux • petit • rigolo
6. travailleuse • généreuse • intelligente • rousse

3 Regarde les illustrations et décris les personnages en employant les adjectifs suivants.

• gourmand • rigolo • paresseux • sérieux • intelligent • désordonné • timide

1 **Elle est rigolote et** _____ .

2 _____ et _____ .

3 _____ et _____ .

4 _____ .

30 trente

Livre de l'élève pp. 52-53

Communication 4

1 Écoute les dialogues et coche les réponses correctes.

1. Le prof de maths est
   - a ☐ intelligent.
   - b ☒ sérieux.
   - c ☐ gentil.

2. Le prof de maths est
   - a ☐ brun.
   - b ☐ petit.
   - c ☐ mince.

3. La prof de français est
   - a ☐ gentille et gourmande.
   - b ☐ gourmande et très sympa.
   - c ☐ gourmande et sérieuse.

4. La prof de français est
   - a ☐ grande et brune.
   - b ☐ rousse et mince.
   - c ☐ jolie, grande et rousse.

5. Pénélope est
   - a ☐ blonde, sympa et belle.
   - b ☐ grande, belle et gourmande.
   - c ☐ blonde, généreuse et gentille.

6. Pénélope est aussi
   - a ☐ timide et intelligente.
   - b ☐ sérieuse et généreuse.
   - c ☐ généreuse et sportive.

2 Écris sur ton cahier un dialogue en suivant les indications données.

Nina et Justine se rencontrent au Club sportif.

Nina salue Justine et lui demande comment elle va. Elle lui demande combien de copains de classe il y a au club.

Justine salue Nina à son tour, répond qu'elle va bien et que au Club il y a 15 copains de classe.

Nina demande combien il y a de moniteurs.

Justine répond 3.

Nina demande s'il y a une piscine.

Justine répond qu'il y a deux piscines.

Nina dit que le Club est super.

Nina Salut Justine ! Ça va ?...

3 Remets les phrases du dialogue en ordre.

1. ☐ Je veux faire de l'athlétisme. Et toi ?
2. [a] Tu as des copains sportifs ?
3. ☐ Génial ! Il y a un club à l'école.
4. ☐ Oh... il y a 15 élèves : 9 garçons et 6 filles.
5. ☐ Combien d'élèves il y a ?
6. ☐ Moi, je veux faire du sport.
7. ☐ Moi, non. Je suis paresseuse et j'adore les gâteaux au chocolat !
8. ☐ Oh oui, mes copains, ils adorent le sport !

trente et un 31

4 La grammaire ? Facile !

Livre de l'élève pp. 54-55

La formation du féminin

1 Écris le féminin des adjectifs suivants.

1. âgé — **âgée**
2. sérieux — _____
3. travailleur — _____
4. joueur — _____
5. amoureux — _____
6. fatigué — _____

2 Transforme le texte au féminin.

> Mon ami Stéphane est très intelligent, mais un peu menteur. Il est travailleur et sérieux. Il est belge. Il est brun, grand et ses yeux sont verts. Son correspondant anglais est petit, blond et ses yeux sont bleus. Il est paresseux et gourmand : il n'est pas sportif, mais il est gentil et généreux. Son correspondant espagnol est gros et rigolo. Il est très bavard et désordonné.

Mon amie Stéphanie est _____
_____
_____
_____
_____
_____
_____
_____

3 Écoute et complète avec les adjectifs.

Dans ma classe, j'ai quatre copines et deux copains. Caroline et Pascale sont **rigolotes** et _____.
Alex et David sont _____, _____ et très _____.
David a deux chiens: ils s'appellent Lulu et Toto. Ils sont _____, _____, très _____ et très _____, ils adorent les croissants.

La formation du pluriel

4 Complète le texte en mettant au pluriel les mots proposés.

> • joueur • copain • bavard
> gourmand • timide • sympa • rigolo
> noir • ~~nouveau~~ • désordonné • ami

Mes (1) **nouveaux** (2) _____ sont
(3) _____ ! Paul et Grégoire adorent les bonbons et le chocolat : ils sont
(4) _____ ! Fabien et Amélie parlent beaucoup : ils sont (5) _____.
Sandra et Camille sont (6) _____ : leurs affaires sont par terre ! Valentine et Claire n'aiment pas parler : elles sont
(7) _____ .
J'adore mes (8) _____ !
J'ai aussi un chien et un chat : ils sont
(9) _____ . Ils sont
(10) _____ et (11) _____ .

Combien de / d'... ?

5 Écris les questions de ces réponses.

1. **Combien d'élèves il y a dans ta classe ?**
   Dans ma classe, il y a 25 élèves.
2. _____
   J'ai deux chats.
3. _____
   Pierre a cinq stylos.
4. _____
   Nous avons quatre copines.
5. _____
   Samuel et Myriam ont un chien.
6. _____
   J'ai deux livres de français.

32 trente-deux

La grammaire ? Facile ! 4

Il y a

6 Construit des phrases avec les mots proposés en employant *il y a* (+) ou *il n'y a pas* (-).

1. élèves / 200 / l'école / dans (+)
   Dans l'école, il y a 200 élèves.

2. ma / dans / 10 / classe / et / filles / garçons / 16 (+)
   _____
   _____

3. de / monitrice / club / prof / sport / une / au / un / et (+)
   _____
   _____

4. chien / à / l'école / de (-)
   _____

5. des / sacs / livres / et / des / dans / nos / cahiers (+)
   _____
   _____

6. feutre / de / tableau / au (-)
   _____

7. de / dans / bonbon / trousse / sa (-)
   _____

8. télé / classe / de / en (-)
   _____

Les verbes

7 Complète les phrases avec les verbes corrects.

> • veut • voulez • peuvent • peux
> • ~~veux~~ • pouvons

1. Tu **veux** un bonbon ?
2. Vous _____ des livres de français ?
3. Nous _____ aller au cinéma.
4. Je _____ appeler mes amies.
5. Elle _____ des feutres.
6. Ils _____ avoir des CD en classe.

Pour aller plus loin...

 8 Dictée.

> **Bonne idée !**
>
> Écoute une première fois l'enregistrement sans écrire. Lors de la deuxième écoute, écris en arrêtant le CD à chaque fois que tu en as besoin. Quand tu as fini, écoute une dernière fois pour contrôler de n'avoir rien oublié. Ensuite, relis calmement et corrige les éventuelles erreurs d'orthographe ou de ponctuation.

Dans la classe de Léa, _____
_____
_____
_____
_____
_____
_____
_____
_____

Sons et lettres

Livre de l'élève p. 53

 1 Écoute et mets le signe de liaison ‿ entre les mots quand il faut.

1. Les‿amies de Sophie.
2. Nous voulons.
3. Ils ont onze ans.
4. C'est un ami.
5. C'est mon ami.
6. Je suis américaine.
7. Il est irlandais.
8. C'est mon copain.
9. C'est un copain.
10. Vous avez des livres.

trente-trois **33**

4 Mes savoir-faire

Livre de l'élève pp. 56-57

J'écoute

1 Écoute ce que dit Pauline. Quelle est sa chambre ?

a ☐   b ☐

2 Pauline décrit ses amies. Écoute et associe chaque nom aux adjectifs correspondants. Attention aux intrus !

timide   généreuse   intelligente   sportive   désordonnée   sympa

| Valérie | Julie | Zoé | Elsa | Pauline |

bavarde   paresseuse   gourmande   travailleuse   rigolote

Je lis

3 Lis le mail et coche la bonne réponse : vrai (V) ou faux (F).

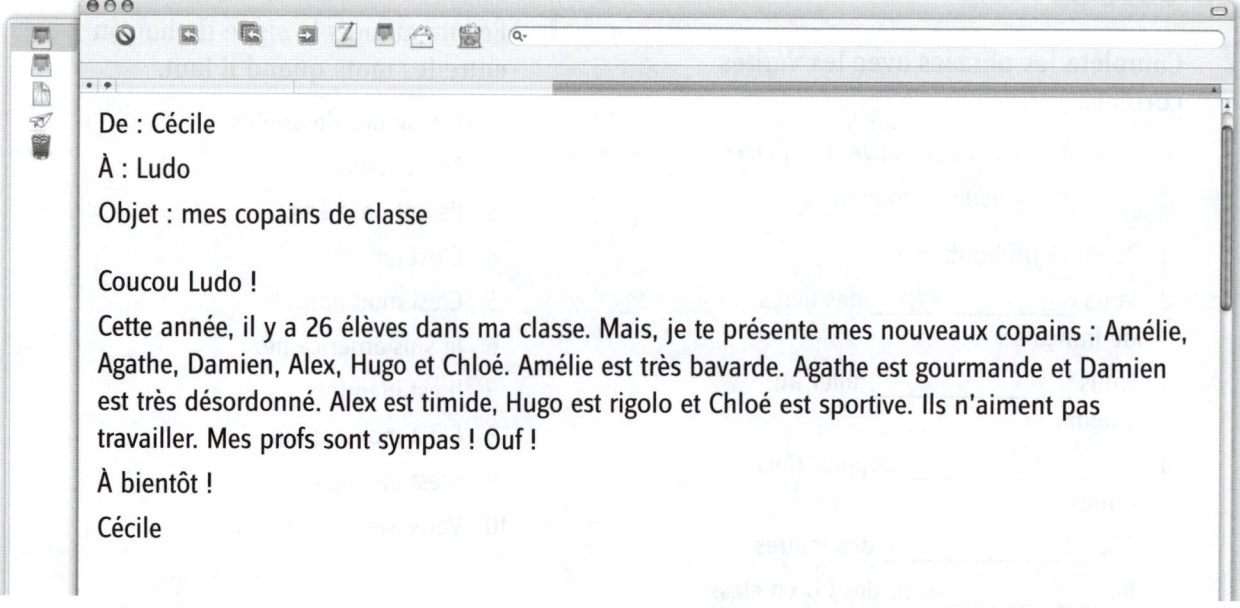

De : Cécile
À : Ludo
Objet : mes copains de classe

Coucou Ludo !

Cette année, il y a 26 élèves dans ma classe. Mais, je te présente mes nouveaux copains : Amélie, Agathe, Damien, Alex, Hugo et Chloé. Amélie est très bavarde. Agathe est gourmande et Damien est très désordonné. Alex est timide, Hugo est rigolo et Chloé est sportive. Ils n'aiment pas travailler. Mes profs sont sympas ! Ouf !
À bientôt !
Cécile

Mes savoir-faire 4

De : Ludo
À : Cécile
Objet : Re : mes copains de classe

Salut Cécile !

Mes copains aussi sont sympas et gentils. Dans mon collège, il y a une super salle informatique. Il y a 20 ordinateurs multimédia avec connexion Internet, une imprimante laser et un scanner ! Il y a aussi un tableau interactif ! C'est super ! J'adore l'informatique !

Bisous, Ludo

		V	F			V	F
1	Ludo écrit à Amélie.	☐	☐	4	Les profs de Cécile sont sympas.	☐	☐
2	Dans la classe de Cécile, il y a 26 élèves.	☐	☐	5	Il y a une télé dans la salle informatique.	☐	☐
3	Les copains de Cécile sont paresseux.	☐	☐	6	Les copains de Ludo ne sont pas sympas.	☐	☐

J'écris

4 Observe la fiche. Sur ce modèle, crée des fiches pour tes trois meilleurs amis. Utilise les nouveaux adjectifs que tu trouves dans la liste des signes du zodiaque.

Noa
Grand et mince, les yeux bleus et les cheveux roux.
Date de naissance : 19 juillet
Signe : cancer
Caractère : désordonné, timide, gentil, travailleur

Bélier (21 mars-20 avril)
Caractère : créatif, ambitieux, impatient, enthousiaste, impulsif.

Taureau (21 avril-21 mai)
Caractère : têtu, tranquille, affectueux, patient, timide.

Gémeaux (22 mai-21 juin)
Caractère : vif, énergique, intellectuel, communicatif, sympathique.

Cancer (22 juin-22 juillet)
Caractère : sentimental, imaginatif, gentil, affectueux, protecteur.

Lion (23 juillet-21 août)
Caractère : enthousiaste, créatif, généreux, ambitieux, un peu paresseux.

Vierge (22 août-23 septembre)
Caractère : réservé, modeste, stable, gentil, sensible.

Balance (24 septembre-23 octobre)
Caractère : charmeur, élégant, intellectuel, communicatif, insouciant.

Scorpion (24 octobre-22 novembre)
Caractère : passionné, généreux, doux, émotif, intuitif.

Sagittaire (23 novembre-21 décembre)
Caractère : ambitieux, gentil, enthousiaste, optimiste, indépendant.

Capricorne (22 décembre-20 janvier)
Caractère : prudent, conservateur, réservé, patient, un peu pessimiste.

Verseau (21 janvier-18 février)
Caractère : original, insouciant, gentil, communicatif, innovateur.

Poissons (19 février-20 mars)
Caractère : généreux, naturel, sensible, disponible, imaginatif.

4 Je sais...

Tu es arrivé(e) à la fin de l'unité 4. Que sais-tu faire ?

À l'oral, je sais...

- **demander et dire ce qu'il y a.**

  1 Observe la photo, pose des questions et réponds.

- **décrire le caractère.**

  2 Observe la photo et parle de leur caractère.

À l'écrit, je sais...

- **décrire mon caractère.**

  3 Écris un mail pour te présenter à la famille française qui t'héberge en France.

- **décrire ma classe.**

  4 Décris ta classe idéale : dis ce qu'il y a.

Unité 5 — Quelle journée !

Livre de l'élève pp. 58-59

1 Écoute de nouveau le dialogue de la page 58 du livre de l'élève et associe les illustrations aux phrases correspondantes.

a

b

c

d

e

f

1 ☐ Nabil se lève à sept heures.
2 ☐ Nabil joue à l'ordinateur.
3 ☐ À huit heures moins le quart, Nabil prend son vélo et va au collège.
4 ☐ À midi, Marion mange à la cantine.
5 ☐ Marion joue au tennis.
6 ☐ Marion se couche à neuf heures et demie.

2 Vrai ou faux ? Coche la bonne réponse.

	V	F
1 Tous les jours, Nabil et Marion se lèvent à sept heures vingt.	☐	☒
2 Nabil va au collège à huit heures moins le quart.	☐	☐
3 Le mercredi après-midi, Nabil joue au tennis.	☐	☐
4 Marion regarde beaucoup la télé.	☐	☐
5 Nabil ne va pas au collège le samedi matin.	☐	☐
6 Le week-end, Nabil joue à l'ordinateur et joue au foot.	☐	☐

5 Les mots

Livre de l'élève pp. 60-61

1 Observe l'illustration et écris les nombres en lettres.

_____
_____
_____
_____
_____
_____

 2 Écoute et écris les numéros que tu entends. Ensuite, compare ta liste avec les trois grilles ci-dessous. Quelle est la grille gagnante ?

31 - _____

| 1 | 3 | 31 | 54 | 61 | 68 |
a

| 31 | 54 | 62 | 68 | 44 | 69 |
b

| 31 | 54 | 62 | 58 | 44 | 60 |
c

La grille gagnante est la : _____

3 Écris sous chaque horloge le moment de la journée correspondant.

• matin (x 2) • midi • après-midi • soir • nuit

07.30   23.30   12.00   09.15   19.50   16.45

matin _____ _____ _____ _____ _____

4 Complète le texte avec les actions proposées ci-dessous.

• je me réveille • je prends mon petit-déjeuner
• je mange • je me promène • je dîne • je me lève

Samedi, 12 septembre

Aujourd'hui, c'est mon anniversaire ! (1) **Je me réveille** à huit heures, mais (2) _____ à huit heures et demie. (3) _____ à neuf heures moins vingt : j'adore les croissants ! Après, je vais à la piscine avec ma copine Amélie. À midi, (4) _____ au restaurant avec mon père et ma mère. Au dessert, je prends un gâteau au chocolat ! Miam !
À deux heures, je vais au cinéma ! À six heures, (5) _____ avec mon chien Zouzou et ma copine Nicole. Le soir, (6) _____ à la maison ! C'est super ! J'adore le jour de mon anniversaire !

38 trente-huit

Livre de l'élève pp. 62-63

Communication 5

1 Remets les phrases du dialogue en ordre.

1. ☐ Moi aussi, j'adore le cinéma ! Et j'adore le samedi parce que je me couche tard !
2. **a** Qu'est-ce que tu fais le samedi ?
3. ☐ Moi aussi, je me lève à huit heures et demie et je vais à la piscine. Et toi ?
4. ☐ Le matin, je me lève tard.
5. ☐ Moi aussi ! Je me couche à dix heures et demie ! C'est super !
6. ☐ L'après-midi, je rencontre mes copains et je vais souvent au cinéma.
7. ☐ Moi, non, je suis paresseux, je ne fais pas de sport ! Je joue à l'ordinateur.
8. ☐ Et qu'est-ce que tu fais l'après-midi ?

2 Voici ton emploi du temps. Léa te demande ce que tu fais pendant la semaine. Tu lui réponds.

heure	lundi	mardi	mercredi	jeudi	vendredi	samedi	dimanche
8							
9			8h-12h collège				
10						ordinateur	10h-11h sport
11	8h-16h30 collège	8h-17h collège		8h-16h30 collège	8h-15h collège		
12							
13			13h déjeuner chez Didier			vélo	
14							
15			15h-16h piscine				14h-16h télé
16					16h-17h piscine		
17			17h-18h devoirs				
18	17h30-18h30 jouer à l'ordinateur	17h30-18h30 basket		17h30-18h30 devoirs	17h30-18h30 jouer à l'ordinateur	18h cinéma	17h-18h devoirs
19		19h-19h30 jouer à l'ordinateur	18h30-19h30 télé	18h30-19h30 télé			
20					20h30-22h télé		
21							
22							

Léa   Salut, ça va ?
Toi   **Très bien, merci.**
Léa   Combien de fois par semaine tu fais du sport ?
Toi   _____
Léa   Et combien de temps tu regardes la télé ?
Toi   _____

Léa   Combien de fois tu vas au cinéma ?
Toi   _____
Léa   Et tu joues souvent à l'ordinateur ?
Toi   _____
Léa   Quand est-ce que tu fais tes devoirs ?
Toi   _____
Léa   C'est bien ! Merci.

5 La grammaire ? Facile !

Livre de l'élève pp. 64-65

La préposition à

1 Complète les phrases.

1. Tu vas **à** la piscine ?
2. Les élèves vont _____ l'école.
3. Mes parents mangent de midi _____ une heure.
4. Noa se couche _____ onze heures.
5. Je mange _____ la cantine.
6. Vous allez _____ club de sport _____ pied ?

Quel / quelle... ? Quels / quelles... ?

2 Complète les phrases avec *quel, quelle, quels, quelles*.

1. **Quelle** heure est-il ?
2. Tu vas à _____ collège ?
3. À _____ bibliothèque tu vas ?
4. _____ jours tu fais du sport ?
5. _____ matières tu préfères ?
6. _____ prof tu aimes ?

Les verbes

3 Associe les pronoms personnels aux verbes correspondants.

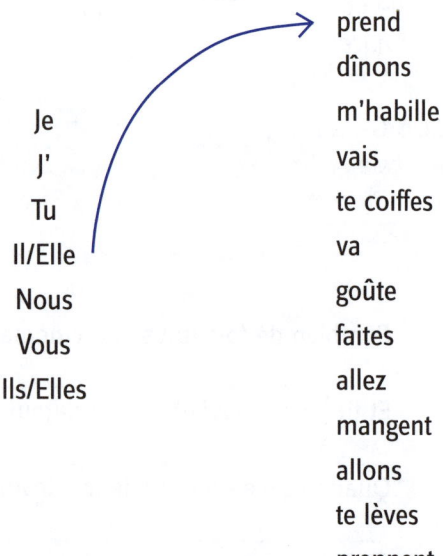

4 Complète les phrases en conjuguant au présent les verbes proposés.

- aller • faire • prendre
- comprendre • apprendre

1. Le samedi matin, je **vais** à la piscine.
2. Nous _____ nos devoirs à la bibliothèque.
3. Ils _____ des jus de fruits au bar.
4. Tu _____ l'anglais ?
5. Vous _____ le français.
6. Elle _____ de la danse.
7. Nous _____ au collège.
8. Je _____ mon sac à dos.

5 Complète les phrases en conjuguant au présent les verbes proposés.

- se coucher • s'appeler
- se coiffer • se promener • se laver (x 2)
- s'habiller • se lever

1. Nous avons les cheveux longs, nous **nous coiffons** !
2. Elle _____ avec son chien.
3. Tu _____ les dents.
4. Après ma douche, je _____ .
5. Je _____ à neuf heures et demie. Bonne nuit !
6. Le matin, Léa _____ à sept heures.
7. Vous _____ le matin ou le soir ?
8. Ils _____ Dubois.

6 Le verbe *nager* se conjugue comme le verbe *manger*. Complète la conjugaison.

Indicatif présent **nager**

Je	nage	Nous	
Tu		Vous	
Il/Elle		Ils/Elles	

40 quarante

La grammaire ? Facile ! 5

7 Complète les phrases en conjuguant les verbes entre parenthèses au présent de l'indicatif.

1. Tu **te lèves** (se lever) à sept heures ?
2. Vous _____ (faire) du sport le mercredi.
3. Nous _____ (nager) à la piscine du collège.
4. Ils _____ (comprendre) l'italien.
5. Je _____ (manger) à la cantine.
6. Elle _____ (faire) ses devoirs le soir.
7. Tu _____ (comprendre) le professeur.
8. Ils _____ (aller) au restaurant.

Pour aller plus loin…

8 Observe les illustrations et écris ce qu'ils font.

1 **Il se lève.** 2 _____
3 _____ 4 _____
5 _____ 6 _____

9 Dictée. Complète le texte avec les mots qui manquent.

C'est **quel** jour aujourd'hui et _____ heure est-il ? _____ dimanche ! Il est onze heures ! Super ! Je _____ mes copains et nous _____ au restaurant. Après, nous _____ à la piscine et nous _____ . Ensuite, nous _____ . Et le soir, je _____ un film ! _____ le dimanche !

Sons et lettres

Livre de l'élève p. 63

1 Écoute et souligne les consonnes finales que tu n'entends pas.

1. cour<u>s</u>
2. travailleur
3. pied
4. mouchoir
5. blond
6. salut
7. prennent
8. gourmand
9. français
10. sport
11. chocolat
12. copain

2 Écoute et coche les mots que tu entends.

1. ☒ grand ☐ grande
2. ☐ sport ☐ sportif
3. ☐ long ☐ longue
4. ☐ irlandais ☐ irlandaise
5. ☐ rond ☐ ronde
6. ☐ bavard ☐ bavarde

quarante et un **41**

5 Mes savoir-faire

Livre de l'élève pp. 66-67

J'écoute

 1 Écoute et observe les dessins. Qui dit la vérité ? Corrige les affirmations qui ne correspondent pas avec l'illustration.

1 **Faux. Le garçon se lève à 9 heures et demie.**

2 _____

3 _____

4 _____

5 _____

6 _____

 2 Écoute et écris les horaires que tu entends.

AQUALAND

7h départ en bus
_____ arrivée
_____ déjeuner
_____ jeux et piscine
_____ goûter
_____ retour en bus
_____ arrivée à la maison

Mes savoir-faire 5

Je lis

Une journée type d'une collégienne

Interview de **Manon**

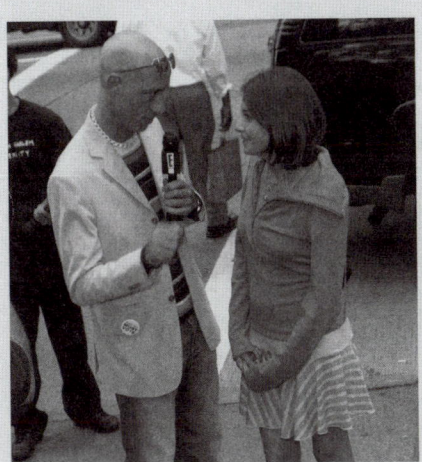

Journaliste : Bonjour. Il est midi, tu vas à la cantine ?
Manon : Oui, je mange à la cantine avec mes copains et mes copines. C'est super !
Journaliste : Et le soir, tu dînes avec tes parents ?
Manon : Oui, oui. Je mange à la maison à huit heures.
Journaliste : Et tu te couches à quelle heure ?
Manon : Je me couche à neuf heures et demie et je me lève à sept heures. C'est tôt !
Journaliste : Tu fais tes devoirs à quelle heure ?
Manon : Je fais mes devoirs à la bibliothèque à cinq heures, après les cours.
Journaliste : Et tu te promènes avec tes copines ?
Manon : Oui, le samedi !
Journaliste : Tu fais du sport ?
Manon : Oui, je fais de la danse moderne le mercredi après-midi.
Journaliste : Merci, et bon appétit !
Manon : Au revoir !

3 Lis l'interview de Manon et coche les réponses correctes.

1 Manon déjeune
   a ☒ à la cantine.
   b ☐ à la maison.
   c ☐ à la bibliothèque.

2 Manon dîne
   a ☐ à la cantine.
   b ☐ à la bibliothèque.
   c ☐ à la maison.

3 Manon se couche
   a ☐ à huit heures et demie.
   b ☐ à sept heures et demie.
   c ☐ à neuf heures et demie.

4 Manon se lève à
   a ☐ sept heures et quart.
   b ☐ sept heures.
   c ☐ huit heures.

5 Manon fait ses devoirs
   a ☐ après les cours à la bibliothèque.
   b ☐ après les cours à la maison.
   c ☐ après les cours le mercredi.

6 Manon fait de la danse moderne
   a ☐ le mercredi après-midi.
   b ☐ le samedi matin.
   c ☐ le mercredi matin.

J'écris

4 Décris ta journée idéale : à quelle heure tu te lèves et ce que tu fais. Tu peux utiliser les expressions qui suivent.

Une journée parfaite commence par un réveil à _____
Je joue _____
Je mange _____
L'après-midi, je _____
Le soir _____

quarante-trois 43

5 Je sais...

Tu es arrivé(e) à la fin de l'unité 5. Que sais-tu faire ?

À l'oral, je sais...

dire l'heure.

1 Observe le dessin et dis les heures qui sont indiquées.

m'informer sur l'emploi du temps.

2 Tu retrouves un correspondant francophone. Tu lui demandes quels jours il va à l'école, ses horaires, le sport qu'il fait et combien de fois par semaine.

À l'écrit, je sais...

raconter ma journée.

3 Tu es enfin en vacances ! Raconte une journée de vacances à ton correspondant francophone.

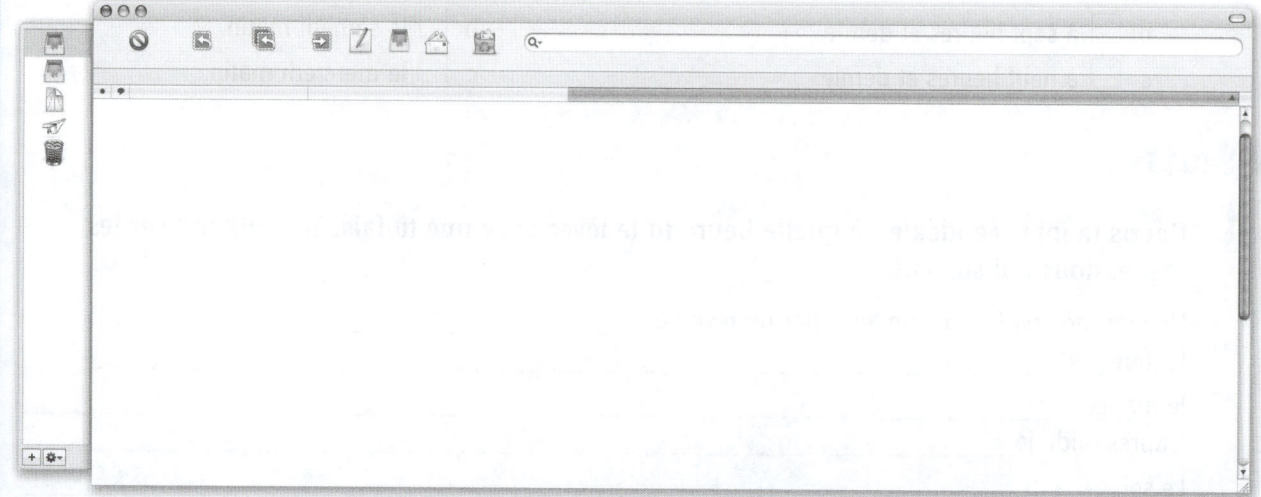

Unité 6 — Ta jupe, elle est super !

Livre de l'élève pp. 68-69

1 Écoute la première partie du dialogue de la page 68 du livre de l'élève puis complète le texte avec les mots qui manquent.

Patricia Tu veux un jus d'orange ?
Nathalie Ah oui, je veux bien, j'ai soif !
Patricia Moi aussi ! Et tu veux un biscuit ?
Nathalie Non, merci, je n'ai pas faim.
Patricia Bon, je dois aller en ville… je voudrais un (1) **blouson** !
Nathalie Mais tu as un (2) _____ !
Patricia Oui, mais je voudrais un (3) _____ noir !
Nathalie Moi, j'aime bien ton (4) _____ et ton (5) _____ rose !
Patricia Moi aussi, mais…
Nathalie Et ta (6) _____ jaune, elle est super !
Patricia Oui, bien sûr, mais j'ai froid, je préfère mettre mon (7) _____ marron !
Nathalie Et ton (8) _____ bleu, il est génial ! J'adore le bleu et j'adore tes (9) _____ !

2 Qui aime quoi ? Associe les vêtements à Camille ou Nathalie.

Patricia → jean

Nathalie

tee-shirt rose
jean
blouson noir
jupe jaune
pantalon marron
pull bleu
baskets violettes
casquette blanche

3 Relis le dialogue et réponds aux questions.

1 Qu'est-ce que Patricia propose à Nathalie ? _____
2 Qu'est-ce que voudrait Patricia ? _____
3 Qu'est-ce que préfère Patricia ? _____
4 Qu'est-ce que Patricia ne trouve pas ? _____
5 Qu'est-ce que Patricia veut mettre ? _____
6 Où se trouve le blouson ? _____

6 Les mots

Livre de l'élève pp. 70-71

1 Regarde les images, écoute et coche les vêtements que porte Amélie.

1 ☐ jupe   2 ☒ jean   3 ☐ chemise

4 ☐ baskets   5 ☐ bonnet   6 ☐ écharpe

7 ☐ pull   8 ☐ gants   9 ☐ robe

2 Observe les illustrations. Que portent les mannequins ? Complète avec le nom des vêtements.

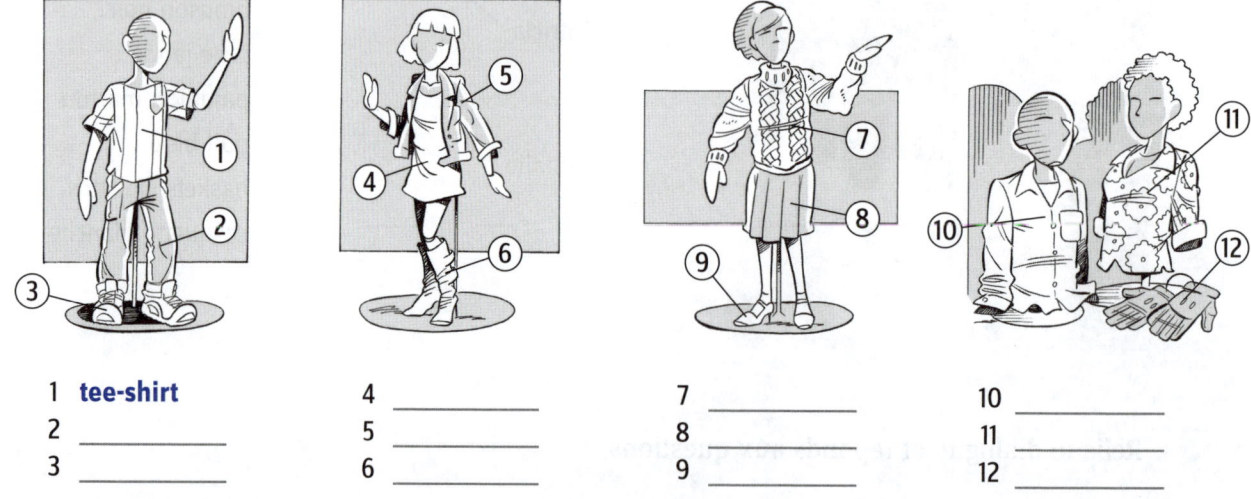

1 **tee-shirt**   4 _____   7 _____   10 _____
2 _____   5 _____   8 _____   11 _____
3 _____   6 _____   9 _____   12 _____

3 Chaque anagramme correspond à un nom de vêtement et à une couleur. Découvre lesquels.

Femme
1 ujep goure = **jupe rouge**
2 mischerie trev = _____
3 lapontan roin = _____

Homme
4 lupl lueb = _____
5 sonbolu narorm = _____
6 netonb sigr = _____

Communication **6**

Livre de l'élève pp. 72-73

1 Regarde les illustrations et complète les dialogues.

1 Tu voudrais encore des bonbons ?
Oui, merci !

2 _____
Oui, d'accord.

3 _____
Non, merci.

4 Tu veux du gâteau ?
_____

5 _____
Non, _____

6 Voudrais-tu un croissant ?
_____

2 Remets le dialogue dans l'ordre.

1 ☐ Moi aussi... et tu veux un thé ?
2 ☐ Merci !
3 [a] Tu peux fermer la fenêtre, s'il te plaît ?
4 ☐ Mais, moi, je n'ai pas faim, et toi ?
5 ☐ Moi oui, je veux bien du gâteau au chocolat.
6 ☐ Merci, j'ai soif !
7 ☐ Voilà !
8 ☐ Je mets un pull !
9 ☐ Oh, oui ! J'ai froid moi aussi.

Sons et lettres

Livre de l'élève p. 73

1 Écoute et coche le mot que tu entends.

1 ☒ vouloir   ☐ velours   4 ☐ sur   ☐ sous
2 ☐ jus   ☐ jouet   5 ☐ têtu   ☐ tout
3 ☐ bu   ☐ blouson   6 ☐ gourmand   ☐ Gustave

2 Coche la phrase que tu entends.

1 ☒ Julie est rousse.   ☐ Julie est russe.
2 ☐ C'est le début.   ☐ C'est l'un des bouts.
3 ☐ Nous disons tout.   ☐ Nous disons tu.
4 ☐ C'est bien pourvu que...   ☐ C'est bien pour vous que...
5 ☐ Vous voulez goûter ?   ☐ Vous buvez du thé ?
6 ☐ Louise fait un gâteau.   ☐ Louise fait le goûter.

3 Écoute et complète le texte.

1 Auj**ou**rd'hui, la j____pe de L____ est de c____leur verte.
2 La m____sique de ce disque est d____ce.
3 P____rquoi tu portes ce bl____son ?
4 Ils v____draient g____ter des bisc____its.
5 J____lie est en c____rs de m____sique.
6 L____c porte un p____ll r____ge.

quarante-sept **47**

6 La grammaire ? Facile !

Livre de l'élève pp. 74-75

Les prépositions de lieu

1 Regarde les illustrations et complète les phrases avec les prépositions de lieu proposées.

1. Le pull est **sur** la chaise.
2. La trousse est _____ mon sac.
3. La corbeille à papier est _____ le bureau.
4. Le blouson noir est _____ le manteau et l'anorak.
5. La fenêtre est _____ le bureau.
6. La chaise est _____ le bureau.
7. L'armoire est _____ la fenêtre et l'étagère.
8. Le lit est _____ de l'armoire.

Les articles contractés

2 Complète les phrases avec les articles contractés.

1. Je ne mange pas **au** restaurant.
2. Nous parlons _____ professeurs de Lucas.
3. Je vais _____ piscine, le samedi.
4. Tu manges _____ cantine.
5. Vous regardez des films _____ télé.
6. Mes copains _____ collège sont sportifs.

Pourquoi / Parce que

3 Complète les phrases avec *pourquoi* et *parce que*.

1. **Pourquoi** tu manges de la pizza ? _____ j'ai faim.
2. _____ tu regardes la télé ? _____ je n'aime pas le cinéma.
3. _____ tu mets un pull et une écharpe ? _____ j'ai froid !

Les verbes

4 Complète les phrases avec les verbes *devoir* et *mettre* au présent de l'indicatif.

1. Je **mets** mes gants dans le sac à dos.
2. Vous _____ vous lever à sept heures.
3. Nous _____ manger à la cantine.
4. Tu _____ ta jupe ou ta robe ?
5. Ils _____ des livres sur le bureau.
6. Elle _____ aller en ville en vélo.
7. Nous _____ des baskets pour faire du sport.
8. Je _____ faire mes devoirs.

La grammaire ? Facile ! 6

5 Trouve les formes verbales cachées dans la grille. Ensuite, écris dix phrases.

- devez • met • mets • doivent
- mettent • mettez • devons • dois
- mettons • doit

S	Z	E	T	T	E	M	S
Z	N	O	M	D	M	T	D
E	D	O	M	E	N	V	E
V	O	N	T	E	T	M	V
E	I	S	T	T	E	S	O
D	S	T	B	T	E	F	N
M	E	D	O	I	T	M	S
M	T	N	E	V	I	O	D

1 **devez - Vous devez manger à la cantine.**
2 met _____
3 mets _____
4 doivent _____
5 mettent _____
6 mettez _____
7 devons _____
8 dois _____
9 mettons _____
10 doit _____

6 Complète les phrases avec le verbe *vouloir* au conditionnel.

1 Je **voudrais** aller au cinéma.
2 Mes copains _____ écouter des CD.
3 Léa et Juliette _____ manger des glaces.
4 Tu _____ jouer à l'ordinateur ?
5 Nous _____ manger des bonbons.
6 Vous _____ mettre un maillot ?

7 Écris des phrases avec le verbe *vouloir* au conditionnel.

- faire les devoirs • manger des bonbons
- jouer au foot • regarder un film
- ranger la chambre • mettre un blouson

1 **Je ne voudrais pas faire les devoirs.**
2 Tu _____
3 Il _____
4 Nous _____
5 Vous _____
6 Ils _____

Pour aller plus loin...

8 Écoute l'enregistrement et complète le texte avec les verbes et les prépositions qui manquent.

Nicolas **voudrait** aller _____ piscine. Il _____ mettre un maillot et un bonnet de bain. Il ne trouve pas ses affaires. Son pull est _____ le bureau, son pantalon est _____ l'armoire, son blouson est _____ le lit et son maillot ? Il regarde _____ son sac de sport : il trouve ses baskets et son maillot.

9 Écoute et complète le dialogue.

■ Maman, je peux prendre ton pull ?
☐ Mon pull, je ne trouve pas mon pull ! **Où est mon pull ?**
■ _____ !
☐ Ah ! c'est vrai, _____ .
■ Et maman mon sac à dos, _____ _____ ?
☐ _____ , Patricia.
■ Et je cherche mon anorak !
☐ Ton anorak _____ !
■ Alors, _____ , _____ , _____ , j'ai tout. Merci !

6 Mes savoir-faire

Livre de l'élève pp. 76-77

J'écoute

 1 Écoute l'enregistrement : quelle vitrine regardent Pauline et Zoé ?

1

2

Elles regardent la vitrine _____

 2 Écoute le dialogue et réponds.

1 Avec qui parlent Zoé et Pauline ?
_____

2 Qu'est-ce qu'elles veulent voir ?
_____

3 Qu'est-ce que Pauline n'aime pas ?
_____

4 Qu'est-ce que Zoé n'aime pas ?
_____

5 Qu'est-ce qu'elles aiment ?
_____

6 Qu'est-ce qu'elles choisissent ? Coche le bon vêtement.

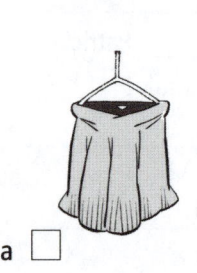 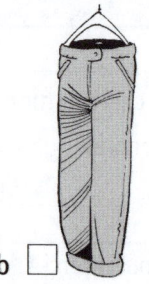  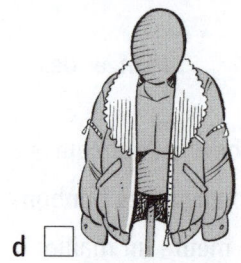

a ☐   b ☐   c ☐   d ☐

Mes savoir-faire 6

Je lis

3 Lis les mails et coche si les affirmations sont vraies ou fausses.

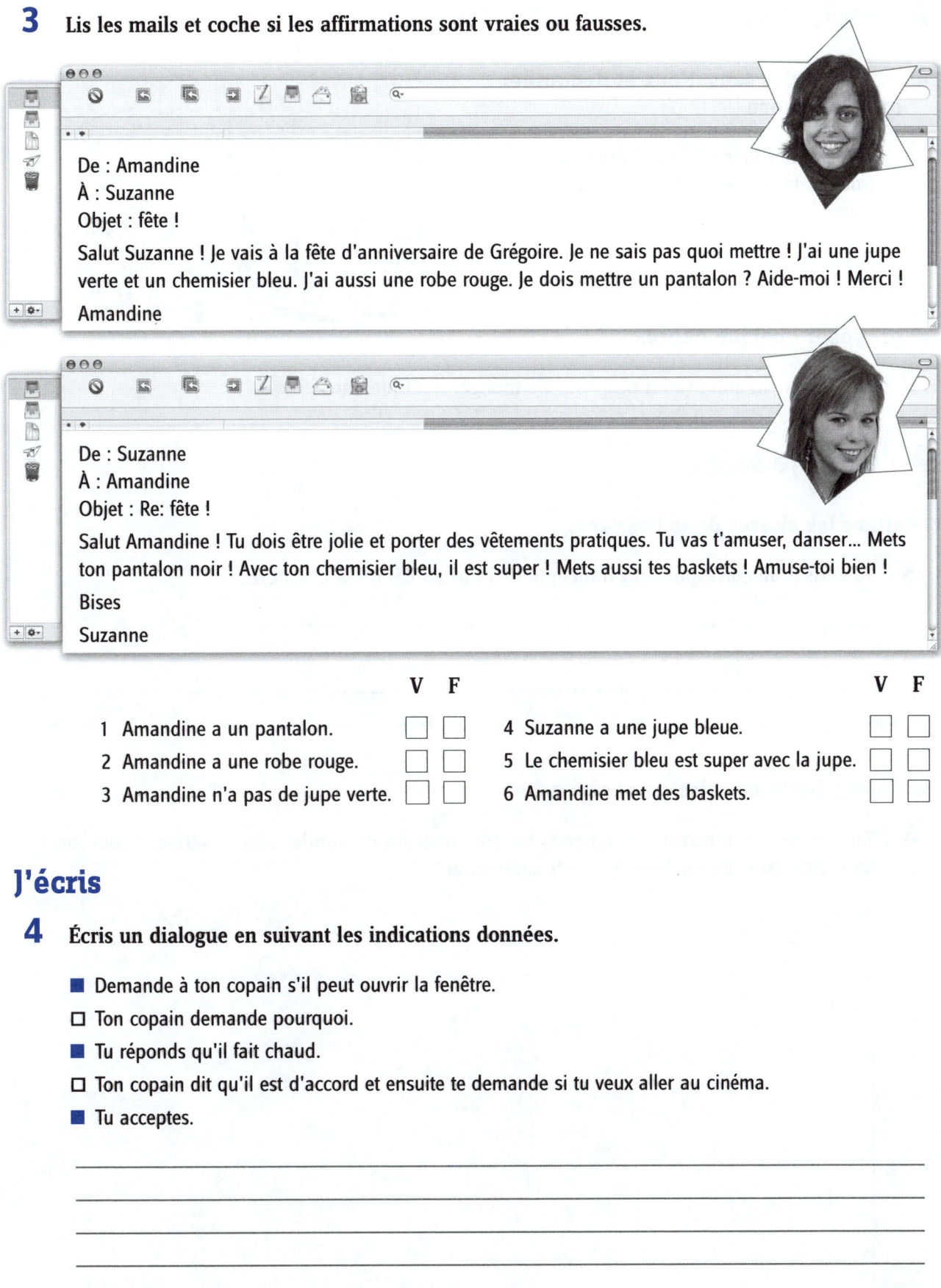

De : Amandine
À : Suzanne
Objet : fête !

Salut Suzanne ! Je vais à la fête d'anniversaire de Grégoire. Je ne sais pas quoi mettre ! J'ai une jupe verte et un chemisier bleu. J'ai aussi une robe rouge. Je dois mettre un pantalon ? Aide-moi ! Merci !

Amandine

De : Suzanne
À : Amandine
Objet : Re: fête !

Salut Amandine ! Tu dois être jolie et porter des vêtements pratiques. Tu vas t'amuser, danser... Mets ton pantalon noir ! Avec ton chemisier bleu, il est super ! Mets aussi tes baskets ! Amuse-toi bien !

Bises

Suzanne

		V	F			V	F
1	Amandine a un pantalon.	☐	☐	4	Suzanne a une jupe bleue.	☐	☐
2	Amandine a une robe rouge.	☐	☐	5	Le chemisier bleu est super avec la jupe.	☐	☐
3	Amandine n'a pas de jupe verte.	☐	☐	6	Amandine met des baskets.	☐	☐

J'écris

4 Écris un dialogue en suivant les indications données.

■ Demande à ton copain s'il peut ouvrir la fenêtre.
☐ Ton copain demande pourquoi.
■ Tu réponds qu'il fait chaud.
☐ Ton copain dit qu'il est d'accord et ensuite te demande si tu veux aller au cinéma.
■ Tu acceptes.

_____
_____
_____
_____
_____

6 Je sais...

Tu es arrivé(e) à la fin de l'unité 6. Que sais-tu faire ?

À l'oral, je sais...

exprimer des sensations et demander quelque chose.

1 Observe le dessin ; il fait chaud et tu te trouves dans cette pièce. Que demandes-tu ?

proposer quelque chose.

2 Tu es avec un ami : tu lui proposes de manger quelque chose.

À l'écrit, je sais...

situer les choses dans l'espace.

3 Tu écris à un correspondant francophone et tu lui décris ta chambre.

demander la permission et répondre.

4 Ta maman est au travail : tu lui écris un mail pour lui demander l'autorisation d'aller jouer au tennis avec tes copains mercredi après-midi.

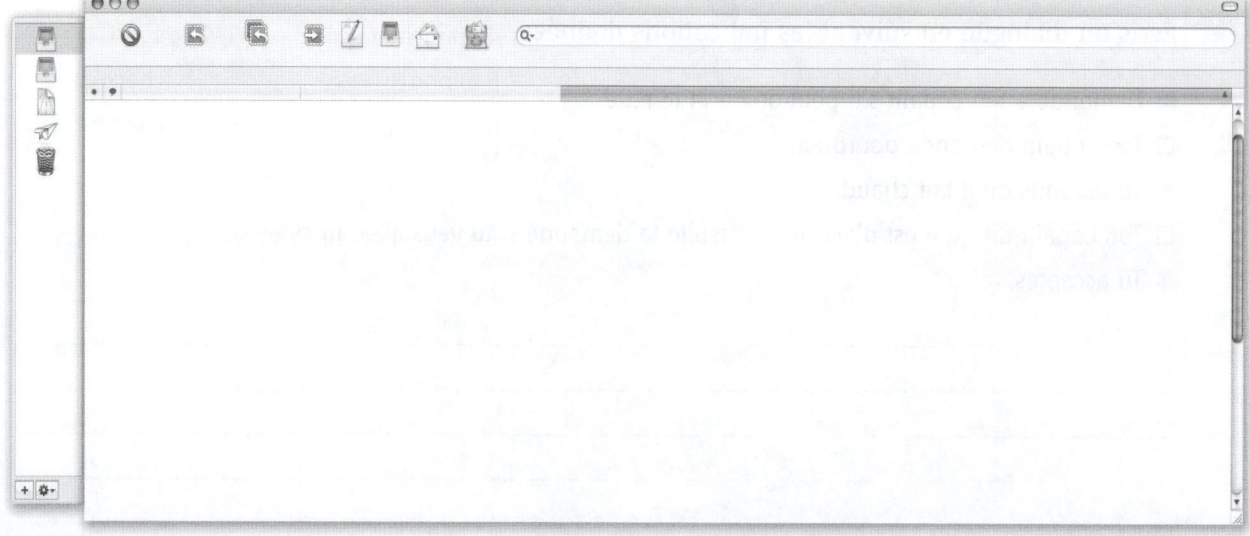

Unité 7 — Chez Thomas

Livre de l'élève pp. 82-83

1 Écoute le dialogue de la page 82 du livre de l'élève puis réponds aux questions.

1. Où se passe la scène ?
   La scène se passe chez Thomas.

2. Où est Thomas quand Nathalie arrive ?
   _____

3. Combien de grands-parents a Thomas ?
   _____

4. Qui sont les membres de la famille de Thomas ?
   _____

5. Comment s'appelle l'animal de Thomas ?
   _____

6. Que veut faire Nathalie ?
   _____

2 Lis de nouveau le dialogue de la page 82 et coche les affirmations correctes.

1
- a ☐ Thomas n'a pas de frère et de sœur.
- b ☒ Nathalie n'a pas de frère et de sœur.
- c ☐ Le grand-père de Thomas n'a pas de frère et de sœur.

2
- a ☐ Le grand-père de Thomas a un frère jumeau.
- b ☐ La mère de Thomas a un frère jumeau.
- c ☐ La grand-mère de Thomas a un frère jumeau.

3 Thomas ressemble à
- a ☐ sa mère.
- b ☐ son père.
- c ☐ sa grand-mère.

4 Adèle est
- a ☐ la mère de Thomas.
- b ☐ la grand-mère de Thomas.
- c ☐ la cousine de Nathalie.

5 Nathalie a
- a ☐ un seul cousin.
- b ☐ une seule cousine.
- c ☐ un frère.

6
- a ☐ La famille de Thomas est super.
- b ☐ Pascal est super.
- c ☐ La grand-mère de Thomas est super.

3 Relis le dialogue : quelle photo Thomas montre à Nathalie ? Choisis la légende correcte.

1. ☐ Mes grands-parents : grand-père Alfred et grand-père Alain.
2. ☐ Mes parents le jour de leur mariage, avec le frère de mon père, oncle Louis et sa femme.
3. ☐ Ma cousine Cécile avec sa mère Victoire, ma tante.
4. ☐ Mon grand-père Alain avec son frère jumeau, Alexandre et ma grand-mère Adèle.
5. ☐ Clara, Sophie, Julie, Camille, Vic, mes cousines.
6. ☐ La sœur de ma mère, ma tante Brigitte avec son mari.

7 Les mots

Livre de l'élève pp. 84-85

1 Lis le texte et complète l'arbre généalogique.

Claire a une grande famille. Son père s'appelle Philippe et sa mère s'appelle Céline. Elle a deux sœurs, mais pas de frère ! Elles s'appellent Chloé et Amélie. Son père a un frère jumeau, il s'appelle Ferdinand. C'est son oncle. La femme de son oncle s'appelle Ingrid. Ils ont un fils unique : il s'appelle Stéphane. Stéphane et Claire ont des grands-parents : Jeanne, c'est la grand-mère paternelle et Louis, c'est le grand-père paternel.

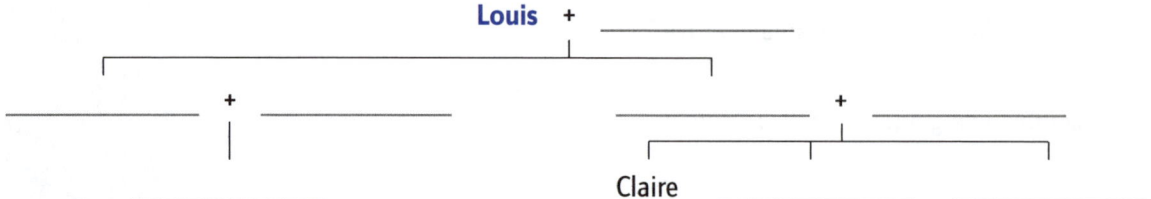

2 Observe la maison de Claire. Complète le mail qu'elle a envoyé à son amie Karine.

De : Claire
À : Karine
Objet : vacances et maison

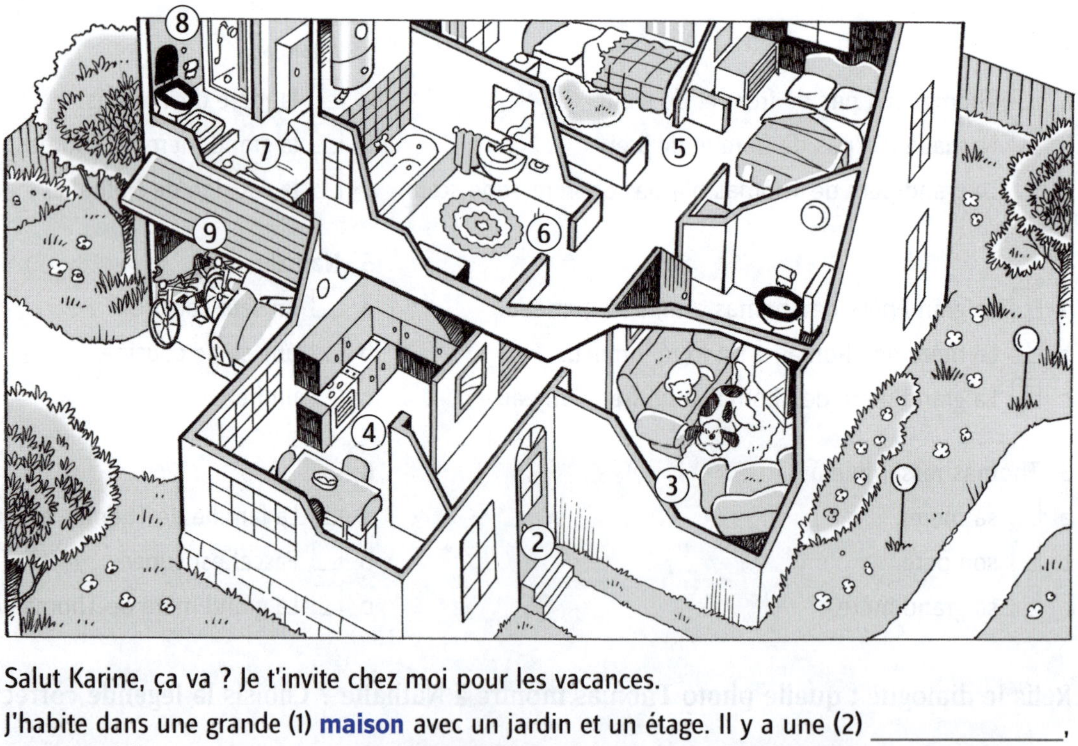

Salut Karine, ça va ? Je t'invite chez moi pour les vacances.
J'habite dans une grande (1) **maison** avec un jardin et un étage. Il y a une (2) _____,
un grand (3) _____ et une belle (4) _____ avec de grandes fenêtres.
Les (5) _____ à coucher sont à l'étage avec la (6) _____ et elles
donnent sur le jardin. Il y a une petite (7) _____ pour toi avec ta (8) _____.
Dans le jardin, il y a aussi un (9) _____ pour la voiture et les vélos.
Alors, tu arrives quand ?
Bises, Claire

Livre de l'élève pp. 86-87

Communication 7

1 Remets les phrases du dialogue en ordre.

1 ☐ Oui, j'ai un frère : il s'appelle Loïc. Je n'ai pas de sœur, mais j'ai deux cousines !

2 ☐ Et vous avez des grands-parents ?

3 ☐ Ah super ! Nous, nous avons un seul cousin : il est fils unique.

4 **a** Salut Pauline ! Tu connais ma sœur Juliette ?

5 ☐ Oui, ma grand-mère s'appelle Nicole et mon grand-père s'appelle Jacques.

6 ☐ Oui, ça va. Et toi, tu as des frères et sœurs ?

7 ☐ Moi, j'adore aller chez mes grands-parents !

8 ☐ Oui, salut Juliette, ça va ?

2 Tu habites à la montagne. Un ami et sa famille souhaitent passer des vacances dans ton village. Tu as trouvé une annonce avec le plan d'un petit appartement. Envoie un mail pour le décrire.

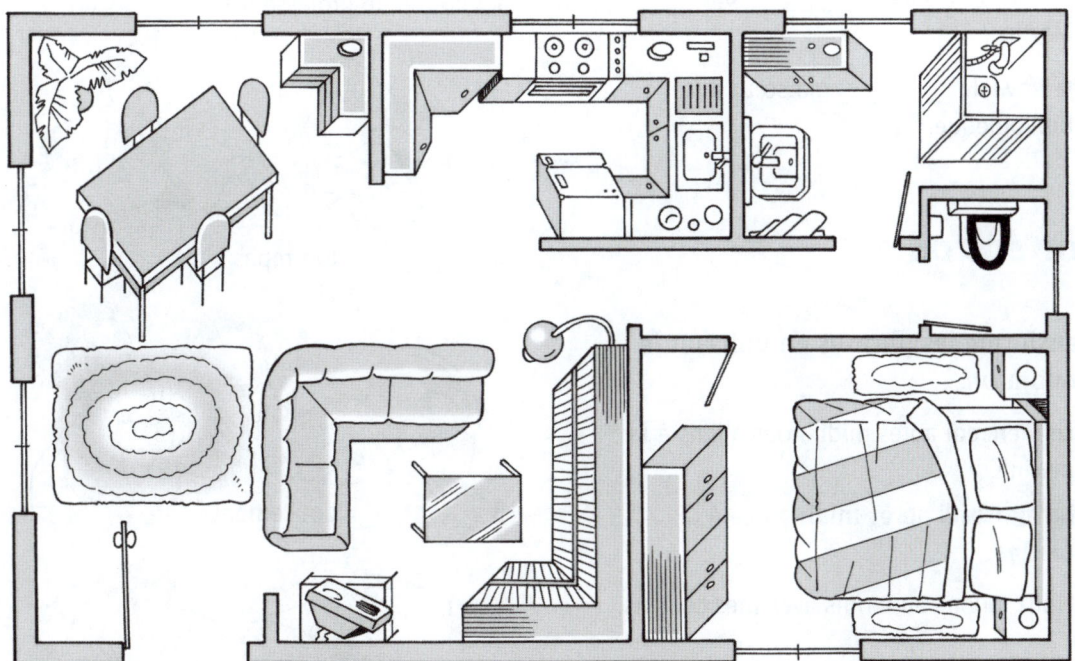

3 Complète le dialogue entre Pierre et sa mère avec les phrases données.

• étudie tes leçons ! • ouvre la fenêtre • mange un fruit • range tes affaires ! • tu dois faire tes devoirs
• je ne veux pas • je dois aller au club • fais du sport !

☐ Pierre, quel désordre ! (1) **Range tes affaires !**

■ D'accord, maman...

☐ Et (2) _____, il fait chaud dans ta chambre.

■ Non, (3) _____, j'ai froid.

☐ Et puis, (4) _____.

■ Oh, non ! Je veux jouer à l'ordinateur.

☐ Non, (5) _____ !

■ Bon, d'accord, et après (6) _____ avec Maxence et Jeanne.

☐ Oui, (7) _____ ! C'est bon pour la santé !

■ Oui, oui !

☐ Et ensuite, bois de l'eau et (8) _____ au goûter.

■ Oh, quelle vie !

7 La grammaire ? Facile !

Livre de l'élève pp. 88-89

Les prépositions *avec* et *chez*

1 Complète les phrases avec les prépositions *avec* et *chez*.

1 Le dimanche, je vais **chez** mon cousin.

2 Tu joues _____ ton chien dans le jardin ?

3 Nous allons _____ mes grands-parents pour Noël.

4 J'adore parler au téléphone _____ mes copines !

5 Le soir, vous allez _____ Paul et Martin ?

6 Je travaille _____ ma sœur à la bibliothèque.

Le pronom *on*

2 Transforme les phrases en utilisant le pronom *on*.

1 Le mercredi après-midi, nous allons à la piscine.
   Le mercredi après-midi, on va à la piscine.

2 Nous jouons au tennis avec mes cousins.
   _____
   _____

3 En Suisse, nous mangeons du chocolat.
   _____
   _____

4 Nous téléphonons à nos copines.
   _____
   _____

5 Nous mangeons des croissants.
   _____
   _____

6 Nous dînons au restaurant le dimanche.
   _____
   _____

Les verbes

3 Regarde les dessins et donne des ordres avec les verbes proposés.

• préparer • manger • écouter • parler
• ranger • sonner

1 **Écoutez** le professeur !

2 _____ ton repas !

3 _____ doucement !

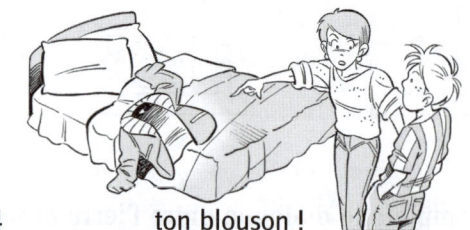

4 _____ ton blouson !

5 _____ ton sac à dos !

6 _____ avant d'entrer !

La grammaire ? Facile ! 7

4 Complète les phrases en conjuguant les verbes entre parenthèses au présent de l'indicatif.

1. Nous **connaissons** (connaître) tes amis.
2. Julien _____ (disparaître) dans le jardin.
3. Ils _____ (connaître) Paris.
4. Ils _____ (disparaître) avec le chien.
5. Vous _____ (connaître) mon frère ?
6. Tu _____ (disparaître) avec tes amis.

Pour aller plus loin...

5 Associe les phrases entre elles.

a. Il regarde un film avec un copain.
b. Écoutez la leçon !
c. Range ta chambre !
d. Allons !
e. Mange un peu !
f. Oui, je connais Lisa.

1 Quel désordre !	c
2 Il est au cinéma.	
3 Tu connais ma sœur ?	
4 J'ai faim !	
5 Alex et Carole parlent souvent.	
6 On va chez Marion ?	

6 Complète les phrases avec les éléments donnés.

• il se promène • arrêtez • ferme • connaît • on mange • avec

1. Il va à la piscine **avec** son copain.
2. Elle _____ bien sa leçon.
3. _____ avec son chien.
4. _____ la fenêtre, il fait froid !
5. Le dimanche, _____ chez mes grands-parents.
6. _____ de parler !

7 Écris un dialogue en suivant les indications données.

Anne va chez Pierre.
Pierre lui dit d'entrer. Il lui dit de fermer la porte. Il dit d'aller dans la cuisine.
Anne dit d'accord. Elle veut faire les devoirs de français.
Pierre répond qu'il n'est pas d'accord. Il a faim, il veut goûter. Il propose à Anne de manger.
Anne refuse.
Pierre propose à Anne de boire un jus de fruits.
Anne accepte.
Pierre propose de regarder la TV.
Anne accepte, mais un peu.

Anne : **Salut Pierre !** _____

Sons et lettres

Livre de l'élève p. 87

1 Coche les mots qui contiennent le son [ã]. Écoute et vérifie.

1. ☒ maman — ☐ mamie
2. ☐ Paris — ☐ Rouen
3. ☐ un plat — ☐ le temps
4. ☐ il est blanc — ☐ il est gras
5. ☐ des vêtements — ☐ des bas
6. ☐ un chant — ☐ un chat

2 Écoute et complète les mots.

1. une ch**am**bre
2. la c____pagne
3. un enf____t
4. id____tique
5. fr____cophone
6. je te prés____te

7 Mes savoir-faire

Livre de l'élève pp. 90-91

J'écoute

1 Écoute l'enregistrement et coche si les affirmations sont vraies ou fausses. Corrige les erreurs.

	V	F
1 Martin a une grande famille.	☐	☒

Il a une petite famille.

2 Martin a une sœur et un frère. ☐ ☐

_____

3 Le père de Martin a un frère jumeau. ☐ ☐

_____

4 Martin a un cousin. ☐ ☐

_____

5 Sacha est fille unique. ☐ ☐

_____

6 Le grand-père s'appelle Léon. ☐ ☐

_____

2 Écoute l'enregistrement et regarde bien les dessins. Retrouve la maison de la famille Marnet.

1 ☐   2 ☐

58 cinquante-huit

Mes savoir-faire 7

Je lis

3 Lis les descriptions de ces habitations et dis qui les habite.

1 ☐ Petit appartement en centre-ville avec une petite cuisine, un salon, une chambre et une salle de bains. 4ᵉ étage sans ascenseur.

3 ☐ Appartement au 5ᵉ étage avec ascenseur. 2 chambres, 1 salle de bains, cuisine et salon, balcon.

2 ☐ Maison à la campagne avec 2 étages : 4 chambres, 2 salles de bains, grande cuisine, grand salon, jardin.

a Monsieur et Madame Bertoz ont une grande famille et ils aiment la campagne.
b Monsieur et Madame Demaison aiment la ville et ont deux enfants.
c Jeanne et Pierre sont un jeune couple. Ils n'ont pas d'enfant.

J'écris

4 Écris un mail à ton correspondant francophone et décris-lui ta maison ou ton appartement.

7 Je sais...

Tu es arrivé(e) à la fin de l'unité 7. Que sais-tu faire ?

À l'oral, je sais...

● **parler de la famille.**

1. Observe la photo de la famille Addams et décris-la.

● **dire à quelqu'un de faire quelque chose.**

2. Tu dois aller à l'école et tu es en retard. Que te dit ta mère ?

À l'écrit, je sais...

● **décrire ma famille.**

3. Tu écris à un copain et tu lui décris ta famille.

_____
_____
_____

● **décrire ma maison.**

4. Dessine ta chambre et écris sous chaque meuble ou objet son nom. Ensuite, décris-la..

_____
_____
_____
_____

Unité 8 C'est où ?

Livre de l'élève pp. 92-93

1 Écoute et lis à nouveau le dialogue page 92 du livre de l'élève et réponds aux questions.

1 Qui parle au téléphone ?
Thomas et Caroline parlent au téléphone.

2 Que fait Caroline à deux heures ?
_____

3 Quelle publicité regarde Thomas ?
_____

4 Est-ce que Thomas aime le sport ?
_____

5 Que veulent faire Thomas et Caroline ?
_____

6 Où habite Caroline ?
_____

2 Écoute la dernière partie du dialogue de la page 92 et complète le texte.

Caroline Où tu habites ?
Thomas (1) **Rue Molière**.
Caroline C'est où ?
Thomas Je t'explique. Toi, tu habites où ?
Caroline (2) _____ la poste.
Thomas Alors, après la poste va (3) _____ . Prends la troisième rue à gauche, (4) _____, prends la deuxième à droite et tourne (5) _____, c'est ma rue, j'habite (6) _____ .
Caroline Oh... C'est loin !
Thomas Tu vois le cybercafé ? J'habite (7) _____, à droite de l'arrêt du bus.
Caroline Je sais où c'est, alors ! À plus.

3 Complète la publicité du club Vital.

Faites du sport dans votre ville !

Club Vital

1 court _____
1 terrain _____
1 gymnase avec cours de :
_____
_____
_____

PossibILITÉ DE PRENDRE DES COURS SEUL OU EN GROUPE.
33, RUE DE L'OCÉAN 64200 BIARRITZ
TEL. POUR INFO : 05 56 87 34 23

8 Les mots

Livre de l'élève pp. 94-95

1 Retrouve les 10 mots cachés dans la grille.

- collège • cybercafé • église • gare • hôpital
- mairie • musée • métro • place • poste

K	R	P	X	T	Q	Z	D	R	H
B	E	E	L	E	E	S	U	M	O
S	G	Y	I	A	L	Y	H	Z	P
C	Y	B	E	R	C	A	F	E	I
M	J	P	S	M	I	E	D	D	T
E	T	W	I	R	C	A	P	K	A
T	Z	M	L	V	T	A	M	O	L
R	Y	E	G	S	P	O	S	T	E
O	C	J	E	P	C	E	R	A	G
E	G	E	L	L	O	C	T	K	P

2 Quel sport font-ils ?

1 **Ils jouent au foot.**

2 _____

3 _____

4 _____

5 _____

6 _____

3 Complète les phrases avec les adjectifs numéraux ordinaux.

1 Emma est la (X) **dixième** cousine de Sophie.
2 Paul et Thomas sont bons en natation : à la compétition, Paul est (I) _____ et Thomas est (II) _____ .
3 Aujourd'hui, c'est la (I) _____ journée d'école.
4 Le (VII) _____ jour des vacances, nous partons à la montagne.
5 C'est le (IX) _____ film de Monica Bellucci.
6 Il y a deux personnages : Émile est le (II) _____ .

Livre de l'élève pp. 96-97

Communication 8

1 Complète le dialogue avec les phrases qui manquent.

> • À côté de la poste ? • ~~S'il te plaît, je cherche le stade.~~ • Ah, merci ! Je sais où c'est !
> • Mais, il est où le gymnase ? • Et, c'est loin ?

■ **S'il te plaît, je cherche le stade.**

□ C'est à côté du gymnase.

■ _____

□ Alors, pour aller au gymnase, tu traverses la place et tu prends la rue en face.

■ _____

□ Oui, c'est ça. Ensuite, tu vas tout droit et tu tournes à gauche après le cybercafé.

■ _____

□ Non, ce n'est pas loin, c'est en face du lycée Émile Zola.

■ _____

2 Regarde les dessins et écris si tu sais faire ou non les activités proposées.

1 **Je sais - Je ne sais pas faire du ski.** 2 _____ 3 _____

4 _____ 5 _____ 6 _____

3 Écoute les enregistrements et complète les dialogues.

1 ■ Allô, **bonjour, madame**. Vous êtes la maman de Virginie ?

□ Non, c'est une erreur. _____ ?

■ Je suis une amie de Virginie. C'est bien le _____ ?

□ Non, _____

■ Oh, excusez-moi !

2 ■ _____

□ _____.

Attends, je l'appelle !

■ Merci.

□ _____!

■ Salut !

soixante-trois **63**

8 La grammaire ? Facile !

Livre de l'élève pp. 98-99

Les prépositions de lieu

1 Observe la carte et complète la description en utilisant les prépositions de lieu.

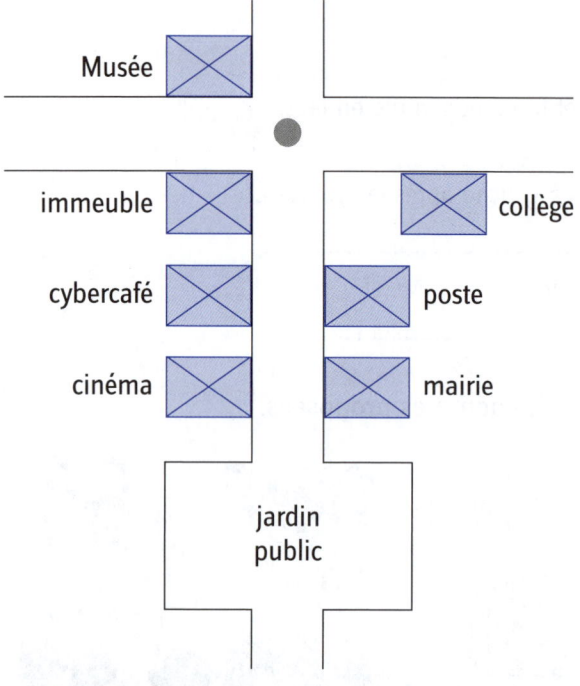

Traverse le jardin public : (1) **à droite**, il y a la mairie. (2) _____ la mairie, il y a la poste. (3) _____ la mairie, il y a le cinéma et (4) _____ cinéma, il y a le cybercafé. (5) _____ la rue, il y a un rond-point. Tourne (6) _____ pour aller au collège. Pour aller au musée, traverse le rond-point : il est (7) _____ .

Les verbes

2 Retrouve les formes des verbes à l'impératif et écris des phrases.

1 NEPERZ **PRENEZ**
2 ZALLE _____
3 AV _____
4 NEPRONS _____
5 PNEDRS _____
6 LANOLS _____

1 **Prenez le sac !**
2 _____
3 _____
4 _____
5 _____
6 _____

3 Transforme les phrases à l'impératif affirmatif, puis à l'impératif négatif.

1 Tu écoutes la musique.
   Écoute la musique !
   N'écoute pas la musique !

2 Vous faites les devoirs.
   _____
   _____

3 Nous préparons les sacs.
   _____
   _____

4 Tu joues à l'ordinateur.
   _____
   _____

5 Vous rangez la classe.
   _____
   _____

6 Nous téléphonons au club de foot.
   _____
   _____

4 Complète les phrases en conjuguant les verbes entre parenthèses au présent de l'indicatif.

1 Nous **revoyons** (revoir) le film avec Brad Pitt.
2 Il _____ (prévoir) de venir jeudi.
3 Je _____ (voir) ma mère à midi.
4 Vous _____ (savoir) aller au gymnase ?
5 Ils _____ (voir) un beau musée.
6 Tu _____ (savoir) parler italien ?

64 soixante-quatre

La grammaire ? Facile ! 8

Pour aller plus loin...

5 Écris le contraire de ces phrases.

1 Tourne à gauche !
   Tourne à droite !

2 C'est au-dessous.
   _____

3 La piscine ? C'est loin !
   _____

4 Le club est en face du cinéma.
   _____

5 Il est sous le bureau.
   _____

6 Nous sommes derrière le collège.
   _____

6 Dictée. Écoute et complète le texte.

■ Tu **sais** où est la bibliothèque ?

□ Oui, _____ tout droit !

■ Et après ?

□ _____ à droite au feu, _____ la place de l'église et _____ tout droit.

■ C'est loin ?

□ Non, devant le collège, _____ la rue des Livres, mais _____ à gauche.

■ Pourquoi ?

□ L'entrée est à _____ !

Sons et lettres

Livre de l'élève p. 99

1 Écoute et coche les mots qui contiennent le son [s].

1 ☒ danser
2 ☐ sept
3 ☐ deuxième
4 ☐ chemisier
5 ☐ son
6 ☐ cinéma
7 ☐ place
8 ☐ musique

2 Écoute et coche les mots qui contiennent le son [z].

1 ☒ quatorze
2 ☐ sur
3 ☐ zoo
4 ☐ ciseau
5 ☐ Brésil
6 ☐ soir
7 ☐ sous
8 ☐ onze

3 Écoute et complète les mots.

1 Ça va ?
2 un gar__on
3 une chemi__e
4 une cla__ __e
5 la récréa__ion
6 une pi__ __ine
7 si__
8 c'est fa__ile
9 il pen__e
10 elle pa__ __e
11 une __alle
12 ils __ont

8 Mes savoir-faire

Livre de l'élève pp. 100-101

J'écoute

1 Écoute l'enregistrement et réponds aux questions.

1 Où ont rendez-vous les élèves ?
Ils ont rendez-vous devant le stade des sports.

2 De quoi est près le stade ?
_____

3 Quelle rue ou place on doit traverser ?
_____

4 Après quel feu on tourne ?
_____

5 On tourne à droite ou à gauche ?
_____

6 Quelle est l'adresse du stade ?
_____

Je lis

2 Lis le mail. Trace sur le plan l'itinéraire pour aller de chez Daniel à la maison de Mourad.

De : Mourad
À : Daniel
Objet : Anniversaire

Salut, Daniel !

Pour mon anniversaire, j'organise une fête. Tu viens chez moi à deux heures, mercredi ? Tu sais où j'habite ? De chez toi, c'est facile ! Tu habites rue de la Somme ? Alors, tu prends à gauche avenue Charles De Gaulle. Ensuite, tu tournes à droite au rond-point, dans la Grande Rue. Tu vas Place de la République et tu tournes à gauche avenue de la République. La première rue à droite est l'avenue des Beaux-Arts, après 20 mètres, tourne à gauche rue des Lilas. Et c'est là, au numéro 54.
À mercredi, tchao !
Mourad !

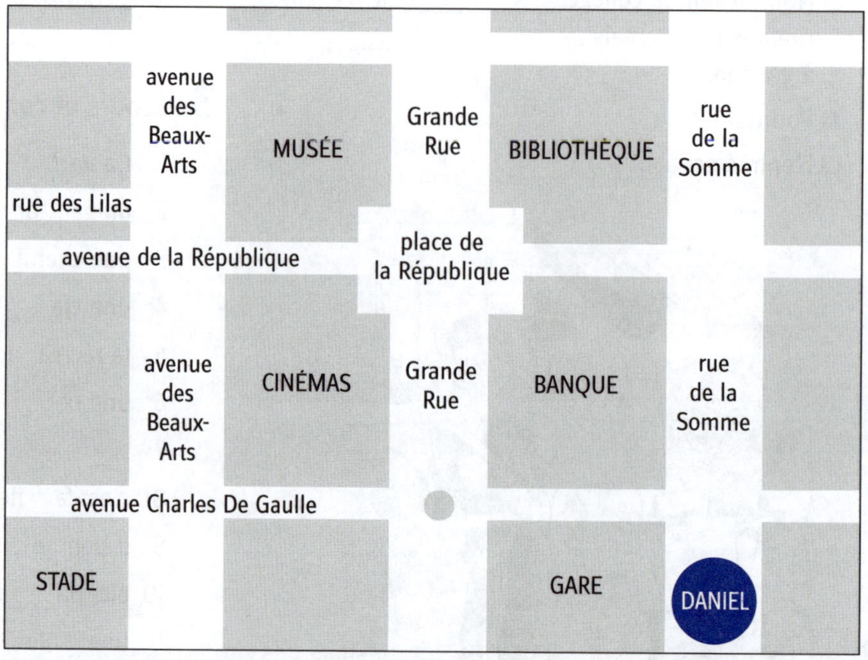

Mes savoir-faire 8

Je lis et j'écris

3 Voici un blog d'adolescents. Lis les annonces et réponds aux questions.

---

blablabla_ados.com

a

Salut, moi c'est Pascal.

J'adore le sport et je sais très bien jouer au rugby. Je fais du volley au collège mais le professeur et mes copains me disent que je suis nul !

Comment faire ?

b

Coucou,

Je fais du patin sur glace et je sais très bien faire du roller ! C'est super ! Tu veux en faire avec moi en bas du Trocadero ? Je peux t'aider si tu veux devenir bon !

Élodie

c

Salut,

Je suis Alex, j'ai 11 ans. J'adore skier et faire du patin sur glace. Je ne sais pas nager ! Je cherche un copain pour des cours de natation.

d

Bonjour,

Je n'aime pas le sport… je préfère la musique : je fais du piano et, de temps en temps, je fais du ski avec mes parents. Je sais bien faire les gâteaux aussi. J'adore ça !

Bises, Marina

---

1 À quelle annonce tu réponds si toi aussi tu sais faire du roller ? ☐
2 À quelle annonce tu réponds si tu n'aimes pas le sport ? ☐
3 À quelle annonce tu réponds si tu sais très bien jouer au volley ? ☐
4 À quelle annonce tu réponds si tu sais nager ? ☐

4 Et toi, que sais-tu faire ? Participe au blog. Présente-toi : quel sport tu sais faire ? Peux-tu aider un copain à le pratiquer ?

soixante-sept 67

8 Je sais...

Tu es arrivé(e) à la fin de l'unité 8. Que sais-tu faire ?

À l'oral, je sais...

parler au téléphone.

1 Un copain de classe te téléphone. Tu réponds. Que dis-tu ?

2 Un ami de tes parents appelle : ils ne sont pas là. Que dis-tu ?

demander et indiquer un chemin.

3 Observe la carte. Tu es à la gare et tu demandes des informations pour aller à la poste.

4 Un nouvel élève arrive dans ta classe. Il doit aller du collège à la gare. Donne-lui les indications pour y aller et trace l'itinéraire sur la carte.

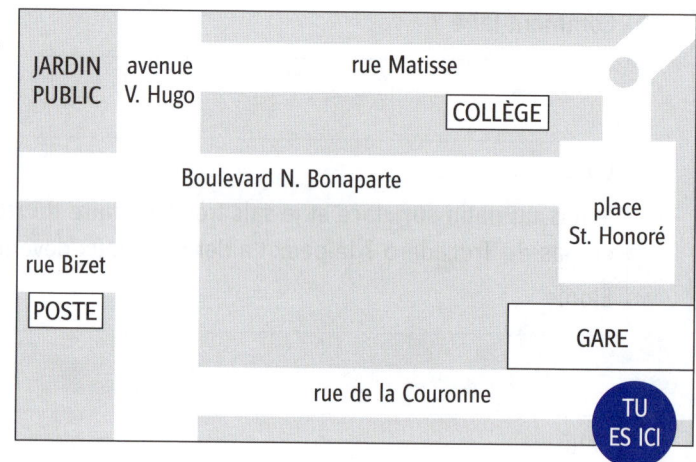

À l'écrit, je sais...

dire ce que tu sais faire.

5 Tu vas en vacances chez ton correspondant français. Il organise des activités. Écris un mail pour lui dire ce que tu sais faire.

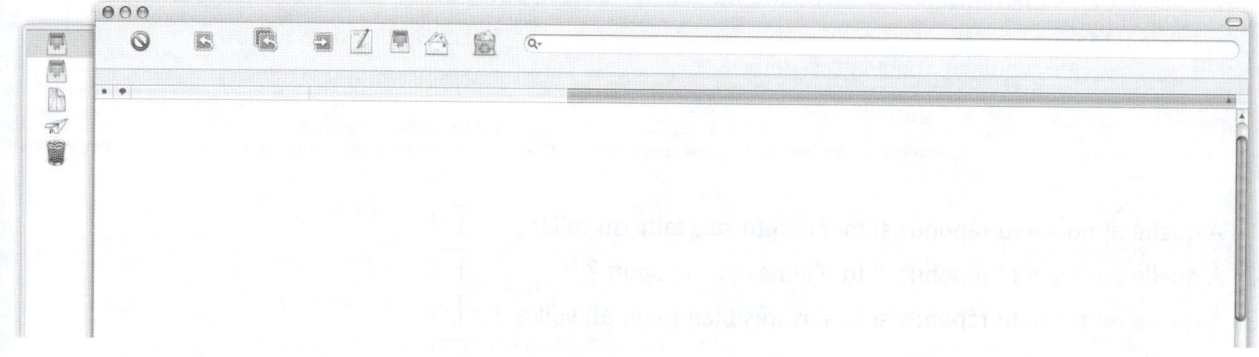

donner une adresse.

6 Tu invites des amis à une fête. Écris un petit message : donne ton adresse et les explications pour arriver chez toi. Dessine un petit plan.

Unité 9 — Vive les vacances !

Livre de l'élève pp. 102-103

1 Écoute à nouveau le dialogue de la page 102 du livre de l'élève et réponds aux questions.

1 Qui sont les personnages ? **Il y a Caroline, Lucas, Nathalie, Nabil et Patricia.**
2 Nous sommes en quelle saison ? _____
3 Qui part en vacances au mois de juillet ? _____
4 Qui ne reste pas en France pendant les vacances ? _____
5 Qui habite à la campagne ? _____
6 Qui habite au Maroc ? _____
7 Que veulent faire les personnages l'après-midi ? _____
8 Que propose Nabil ? _____

2 Lis de nouveau le dialogue de la page 102. Avec qui partent-ils ? Chez qui vont-ils ? Associe les prénoms avec les personnages.

1 Caroline   a son oncle et sa tante
2 Lucas   b ses parents
3 Nathalie   c un copain
4 Nabil   d sa grand-mère
5 Patricia   e son père

3 Cherche dans le dialogue de la page 102 les expressions utilisées pour :

1 faire des projets : **moi, en juillet, je pars** ; _____
_____

2 inviter : _____
_____

3 accepter ou refuser : _____
_____

soixante-neuf **69**

9 Les mots

Livre de l'élève pp. 104-105

1 Lis les définitions et complète la grille.

HORIZONTALEMENT

1 Je suis un moyen de transport écologique et je fais faire du sport.
2 Je suis un moyen de transport rapide et je fais des arrêts dans les gares.
4 Je suis un moyen de transport qui va sur l'eau.
7 Je suis un moyen de transport qui circule sous terre dans les grandes villes.

VERTICALEMENT

1 En ville, je vais dans toutes les rues : je peux faire voyager au moins 4 personnes.
3 Je suis un moyen de transport en commun pratique en ville.
5 Je suis comme un oiseau. Je mets deux heures pour aller de Paris à Rome !
6 Je suis une partie du corps. En forme, je peux faire beaucoup de kilomètres.

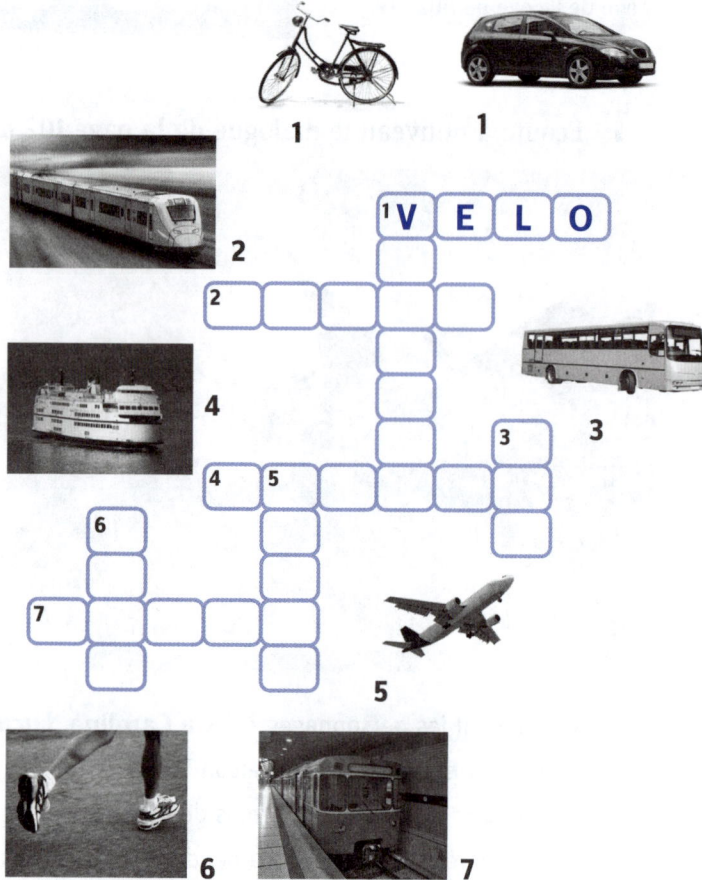

2 Complète les listes de nombres en écrivant le dernier en lettres.

50	55	60	65	**soixante-dix**
70	72	___	___	_____
76	77	___	___	_____
77	80	___	___	_____
50	60	___	___	_____
90	91	___	___	_____
80	85	___	___	_____

3 Complète les phrases en utilisant les expressions suivantes.

• jouer à des jeux vidéo • aller aux parcs d'attractions • visiter des musées • se baigner
• faire de la randonnée • bronzer • faire du shopping • danser

1 L'été, nous adorons aller à la mer pour **nous baigner** et _____.
2 J'aime aller en ville pour _____.
3 Ils adorent les villes pour _____.
4 En vacances, vous _____ ?
5 Il aime être à la maison pour _____.
6 Je suis sportive : j'adore _____ et _____.

Livre de l'élève pp. 106-107

Communication 9

1 Écoute et choisis le dessin correct.

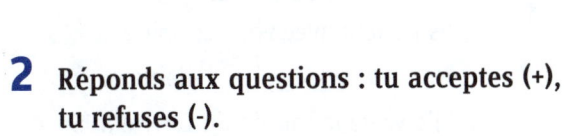

2 Réponds aux questions : tu acceptes (+), tu refuses (-).

1 **On va voir le film avec Brad Pitt ?**
Volontiers, j'adore Brad Pitt ! (+)

2 Ça te dit de venir faire une randonnée ?
_____ (-)

3 Tu es libre mercredi pour aller te balader ?
_____ (+)

4 On va voir Joséphine et Jeanne, tu viens ?
_____ (-)

5 Ça te dit de visiter le musée d'art moderne ?
_____ (+)

3 Remets les phrases du dialogue en ordre.

1 ☐ Super ! Tu viens avec Pauline et Olivier. On va faire une randonnée et on va aussi faire des jeux.

2 ☐ Salut Christophe ! Dans deux semaines, je vais organiser une fête. Tu es libre ?

3 ☐ Volontiers, nous adorons les jeux ! On se retrouve où ?

4 **a** Salut, Alexia !

5 ☐ Génial ! À samedi alors !

6 ☐ Le samedi 21, oui !

7 ☐ Chez moi ! Et après, on part en voiture avec mes parents.

soixante et onze **71**

9 La grammaire ? Facile !

Livre de l'élève pp. 108-109

Les prépositions avec les noms de pays ou de ville

1 Choisis la préposition correcte.

1 Je pars en vacances **au** / en / à Danemark.
2 Ils habitent en / aux / au Chili.
3 Nous travaillons en / aux / à Bruxelles.
4 Tu vas à / en / au Angleterre.
5 Elle veut habiter aux / au / à Antilles.
6 Vous êtes en / au / aux Pologne.
7 Je vais aux / en / à Londres.
8 Nous partons au / aux / à Philippines.

L'expression de temps

2 Complète les phrases avec l'expression de temps qui convient.

1 Tu pars **en** été ou _____ hiver ?
2 Elles vont déjeuner _____ midi.
3 Nous allons à Madrid _____ deux semaines.
4 Ils partent en vacances _____ lundi _____ dimanche.
5 Je fais du sport _____ mercredi après-midi.
6 Son anniversaire est _____ mois de mars ou _____ avril ?
7 Elle nage _____ 14h _____ 15h30.
8 J'ai 12 ans _____ deux jours !

Les verbes

3 Transforme les phrases au futur proche.

1 Je parle avec mes amis.
   Je vais parler avec mes amis.
2 Tu te coiffes ?
   _____
3 Nous mangeons à la cantine.
   _____
4 Elle met la robe verte pour aller à la fête.
   _____
5 Nous voyons un film.
   _____
6 Vous chantez une chanson d'Olivia Ruiz.
   _____
7 Il ne trouve pas ses affaires.
   _____
8 Je visite Rome avec mes parents.
   _____

4 Réponds aux questions en utilisant le futur proche.

1 Tu pars à la mer ?
   Non, **je vais partir** dans deux semaines.
2 Vous mangez ?
   Non, nous _____ à 13h.
3 Tu vas au cinéma à 14h ?
   Non, je _____ au cinéma à 16h.
4 Ils partent avec vous ce soir ?
   Non, ils _____ demain.
5 Elle visite le musée du Louvre à 15h ?
   Non, elle _____ le musée du Louvre demain.
6 Vous jouez au tennis mercredi ?
   Non, nous _____ au foot.
7 Tu mets tes baskets pour aller au collège ?
   Non, je _____ mes baskets pour aller à la piscine.
8 Vous parlez avec le professeur aujourd'hui ?
   Non, nous _____ avec le professeur demain.

La grammaire ? Facile ! 9

5 Conjugue les verbes entre parenthèses au présent de l'indicatif.

1 Nous **partons** (partir) dans deux semaines.
2 Vous _____ (venir) à la maison.
3 Je _____ (partir) au Portugal.
4 Nous _____ (venir) avec vous au club.
5 Tu _____ (partir) à quelle heure ?
6 Vous _____ (partir) en voiture ?

Pour aller plus loin...

6 Complète le texte avec les prépositions et les expressions de temps et de lieu.

(1) **Dans** deux jours, Marta et Alexis vont partir (2) _____ Canada. Ils vont prendre l'avion. Ils partent le 23 mars. Ils restent (3) _____ mardi (4) _____ vendredi (5) _____ Toronto et ensuite ils vont (6) _____ Québec. Ils vont chez Alban, l'oncle de Marta : il travaille (7) _____ France et (8) _____ Canada. Il habite (9) _____ décembre (10) _____ mai (11) _____ Paris et (12) _____ juin (13) _____ novembre (14) _____ Québec. Il adore le Canada, mais il voudrait aller (15) _____ États-Unis. Marta et Alexis sont contents de partir ! Ils rentrent (16) _____ deux semaines !

Vue de Toronto.

7 Indique si les phrases sont au présent (P) ou au futur proche (FP).

	P	FP
1 **Elles vont venir à la fête.**	☐	☒
2 Je vais voir mes amis.	☐	☐
3 Nous allons partir en Grèce.	☐	☐
4 Vous allez prendre l'avion ?	☐	☐
5 Tu veux manger à la cantine ?	☐	☐
6 Laure va se promener.	☐	☐
7 Tu vas aller voir le film en 3D ?	☐	☐
8 Il va faire beau !	☐	☐

Sons et lettres

Livre de l'élève p. 109

 **1** Écoute et coche les mots qui contiennent le son [wa].

1 ☒ miroir   ☐ minou
2 ☐ vendredi   ☐ voiture
3 ☐ jouer   ☐ se coiffer
4 ☐ noir   ☐ mur
5 ☐ prune   ☐ poire
6 ☐ étoile   ☐ étole

 2 Écoute et complète les mots.

1 Il fait fr**oi**d.
2 un cr__ __ssant
3 un mouch__ __r
4 un __ __seau
5 une arm__ __re
6 une patin__ __re

 3 Écoute et écris les mots que tu entends.

1 **pouvoir**   6 _____
2 _____   7 _____
3 _____   8 _____
4 _____   9 _____
5 _____   10 _____

9 Mes savoir-faire

Livre de l'élève pp. 110-111

J'écoute

1 Écoute l'enregistrement et choisis la réponse correcte.

1 Nous écoutons la boîte vocale
   a ☐ du Centre de vacances « jeunesse ».
   b ☐ du collège.

2 Combien de séjours propose le Centre ?
   a ☐ un   b ☐ deux

3 Le voyage à la campagne se fait
   a ☐ au mois de juin.
   b ☐ au mois de juillet.

4 Le voyage à la mer se fait en
   a ☐ train.   b ☐ bus.

5 À la mer, on peut
   a ☐ faire de la planche à voile et du beach-volley.
   b ☐ faire du ping-pong et visiter des châteaux.

6 On peut visiter des parcs d'attractions à la campagne et à la mer.
   a ☐ Vrai   b ☐ Faux

Je lis

2 Lis les mails et réponds aux questions.

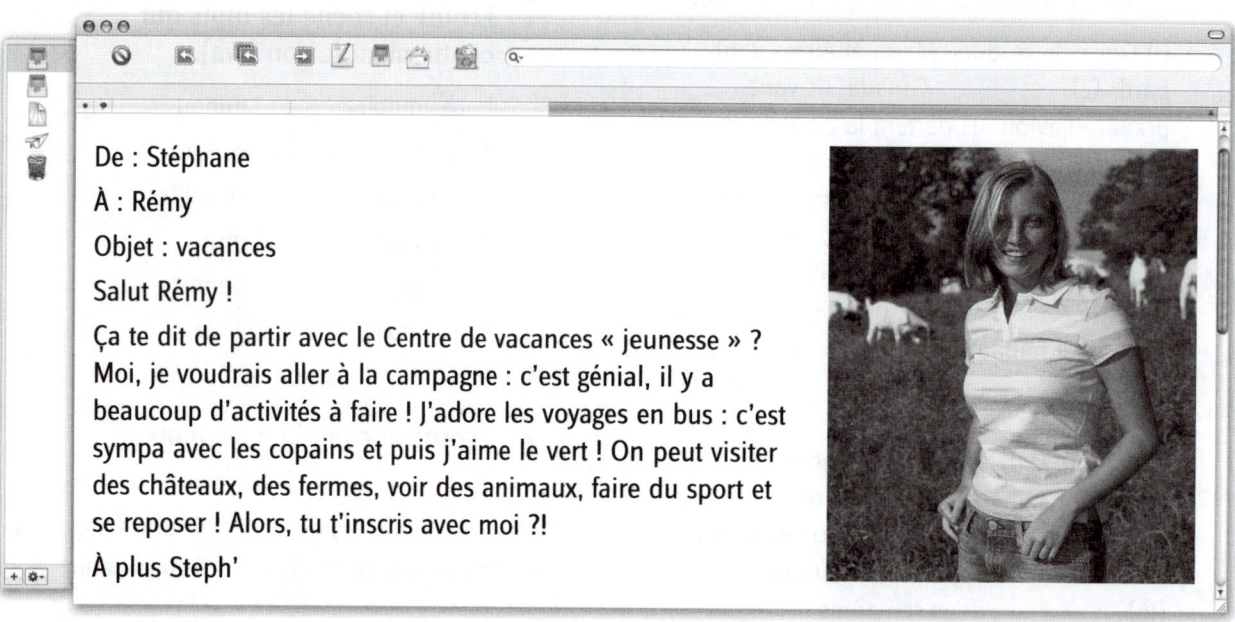

De : Stéphane
À : Rémy
Objet : vacances

Salut Rémy !

Ça te dit de partir avec le Centre de vacances « jeunesse » ? Moi, je voudrais aller à la campagne : c'est génial, il y a beaucoup d'activités à faire ! J'adore les voyages en bus : c'est sympa avec les copains et puis j'aime le vert ! On peut visiter des châteaux, des fermes, voir des animaux, faire du sport et se reposer ! Alors, tu t'inscris avec moi ?!

À plus Steph'

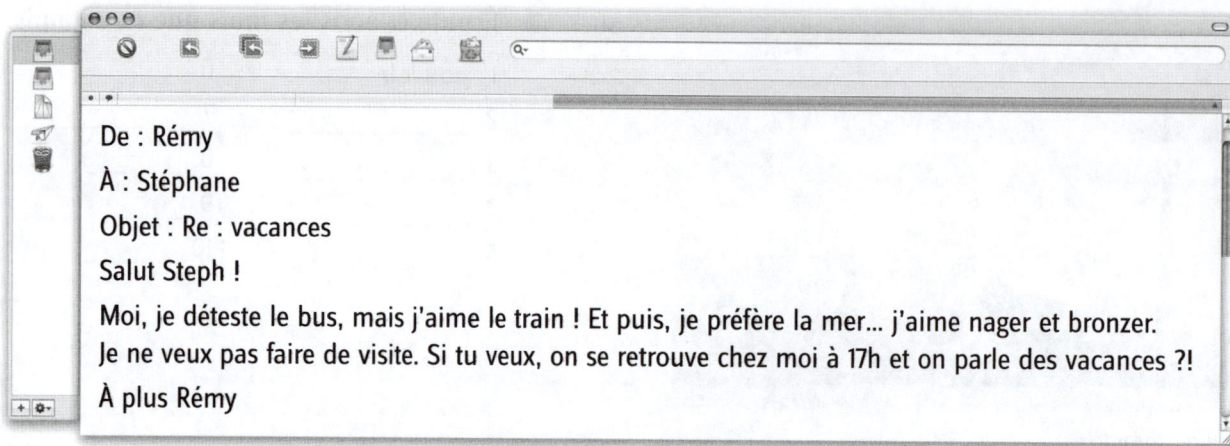

De : Rémy
À : Stéphane
Objet : Re : vacances

Salut Steph !

Moi, je déteste le bus, mais j'aime le train ! Et puis, je préfère la mer... j'aime nager et bronzer. Je ne veux pas faire de visite. Si tu veux, on se retrouve chez moi à 17h et on parle des vacances ?!

À plus Rémy

Mes savoir-faire 9

1 Pourquoi Stéphane écrit à Rémy ? _____
2 Où veut aller Stéphane ? _____
3 Que veut faire Stéphane à la campagne ? _____
4 Que veut faire Rémy ? _____
5 Que propose Rémy ? _____
6 Qui aime quoi ？  _____

J'écris

3 Sur le modèle donné, prépare un prospectus pour une journée de vacances. Tu indiques le lieu, le moyen de transport, le rendez-vous, l'heure et les activités prévues.

Journée au Futuroscope !

RDV devant la gare Montparnasse
Départ en bus de Paris à 7h
Découverte de l'espace, du monde sous la mer, d'animaux…
Film en 3D (écran IMAX)
Jeux
Retour le soir

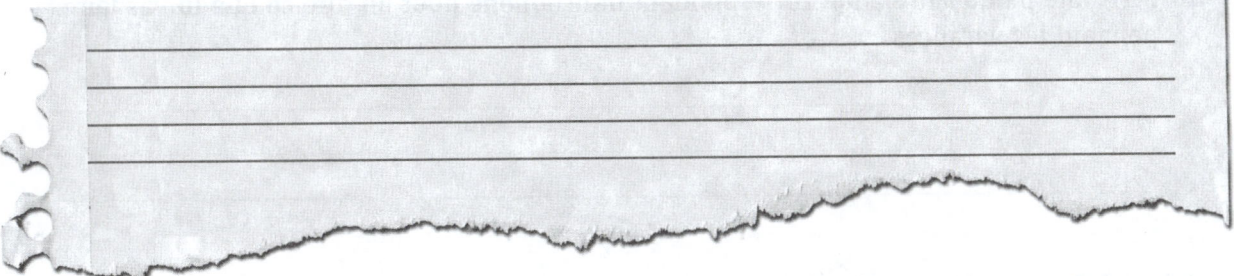

4 Écris un mail à tes amis francophones pour leur proposer une journée de vacances.

soixante-quinze 75

9 Je sais...

Tu es arrivé(e) à la fin de l'unité 9. Que sais-tu faire ?

À l'oral, je sais...

inviter, proposer.

1 Regarde les photos et invite un copain à pratiquer ces activités.

proposer et fixer un rendez-vous.

2 Propose une sortie à un copain. Fixe le lieu et l'heure du rendez-vous.

À l'écrit, je sais...

faire des projets.

3 Écris une petite lettre à ton correspondant francophone pour lui dire ce que tu vas faire pendant les vacances.

_____
_____
_____

accepter, refuser une invitation.

4 Un copain t'invite à un concert de musique classique. Tu acceptes ou tu refuses.

LES SYMPAMUSIC

En concert à la Maison de la Musique de Marseille
Le 30 mai à 21h

Prix des places : 15 € - 10 €
Adresse : Place aux Huiles

Tableau des conjugaisons

INFINITIF	INDICATIF PRÉSENT	IMPÉRATIF
ALLER	je vais tu vas il/elle/on va nous allons vous allez ils/elles vont	va allons allez
APPELER	j'appelle tu appelles il/elle/on appelle nous appelons vous appelez ils/elles appellent	appelle appelons appelez
AVOIR	j'ai tu as il/elle/on a nous avons vous avez ils/elles ont	aie ayons ayez
CONNAÎTRE *apparaître, disparaître, paraître.*	je connais tu connais il/elle/on connaît nous connaissons vous connaissez ils/elles connaissent	connais connaissons connaissez
DEVOIR	je dois tu dois il/elle/on doit nous devons vous devez ils/elles doivent	
ÊTRE	je suis tu es il/elle/on est nous sommes vous êtes ils/elles sont	sois soyons soyez
FAIRE	je fais tu fais il/elle/on fait nous faisons vous faites ils/elles font	fais faisons faites
MANGER Tous les verbes en *-ger.*	je mange tu manges il/elle/on mange nous mangeons vous mangez ils/elles mangent	mange mangeons mangez
MENTIR	je mens tu mens il/elle/on ment nous mentons vous mentez ils/elles mentent	mens mentons mentez
METTRE *commettre, permettre, remettre, soumettre, ecc.*	je mets tu mets il/elle/on met nous mettons vous mettez ils/elles mettent	mets mettons mettez
PARLER Tous les verbes en *-er.*	je parle tu parles il/elle/on parle nous parlons vous parlez ils/elles parlent	parle parlons parlez

INFINITIF	INDICATIF PRÉSENT	IMPÉRATIF
PARTIR	je pars tu pars il/elle/on part nous partons vous partez ils/elles partent	pars partons partez
PRÉFÉRER *espérer.*	je préfère tu préfères il/elle/on préfère nous préférons vous préférez ils/elles préfèrent	préfère préférons préférez
PRENDRE *apprendre, comprendre* e *surprendre.*	je prends tu prends il/elle/on prend nous prenons vous prenez ils/elles prennent	prends prenons prenez
POUVOIR	je peux tu peux il/elle/on peut nous pouvons vous pouvez ils/elles peuvent	
SAVOIR	je sais tu sais il/elle/on sait nous savons vous savez ils/elles savent	sache sachons sachez
SE COUCHER Tous les verbes pronominaux.	je me couche tu te couches il/elle/on se couche nous nous couchons vous vous couchez ils/elles se couchent	couche-toi couchons-nous couchez-vous
SE LEVER *se promener*	je me lève tu te lèves il/elle/on se lève nous nous levons vous vous levez ils/elles se lèvent	lève-toi levons-nous levez-vous
SENTIR	je sens tu sens il/elle/on sent nous sentons vous sentez ils/elles sentent	sens sentons sentez
SORTIR	je sors tu sors il/elle/on sort nous sortons vous sortez ils/elles sortent	sors sortons sortez
VENIR *tenir, venir, prévenir.*	je viens tu viens il/elle/on vient nous venons vous venez ils/elles viennent	viens venons venez
VOIR	je vois tu vois il/elle/on voit nous voyons vous voyez ils/elles voient	vois voyons voyez
VOULOIR	je veux tu veux il/elle/on veut nous voulons vous voulez ils/elles veulent	

Sommaire du CD audio

Toutes les pistes du CD audio pour l'élève sont au format MP3.

Piste		Piste	
1	Unité 1, Exercice 1, p. 5	29	Unité 6, Exercice 1, p. 45
2	Unité 1, Grammaire, Exercice 4, p. 8	30	Unité 6, Les mots, Exercice 1, p. 46
3	Unité 1, Sons et lettres, Exercice 2, p. 9	31	Unité 6, Sons et lettres, Exercice 1, p. 47
4	Unité 1, Mes savoir-faire, Exercice 1, p. 10	32	Unité 6, Sons et lettres, Exercice 2, p. 47
5	Unité 1, Mes savoir-faire, Exercice 2, p. 10	33	Unité 6, Sons et lettres, Exercice 3, p. 47
6	Unité 2, Exercice 1, p. 13	34	Unité 6, Grammaire, Exercice 8, p. 49
7	Unité 2, Grammaire, Exercice 2, p. 16	35	Unité 6, Grammaire, Exercice 9, p. 49
8	Unité 2, Sons et lettres, Exercice 1, p. 17	36	Unité 6, Mes savoir-faire, Exercice 1, p. 50
9	Unité 2, Mes savoir-faire, Exercice 1, p. 18	37	Unité 6, Mes savoir-faire, Exercice 2, p. 50
10	Unité 3, Exercice 1, p. 21	38	Unité 7, Exercice 1, p. 53
11	Unité 3, Les mots, Exercice 4, p. 22	39	Unité 7, Sons et lettres, Exercice 1, p. 57
12	Unité 3, Grammaire, Exercice 1, p. 24	40	Unité 7, Sons et lettres, Exercice 2, p. 57
13	Unité 3, Sons et lettres, Exercice 1, p. 25	41	Unité 7, Mes savoir-faire, Exercice 1, p. 58
14	Unité 3, Mes savoir-faire, Exercice 1, p. 26	42	Unité 7, Mes savoir-faire, Exercice 2, p. 58
15	Unité 4, Exercice 1, p. 29	43	Unité 8, Exercice 1, p. 61
16	Unité 4, Communication, Exercice 1, p. 31	44	Unité 8, Communication, Exercice 3, p. 63
17	Unité 4, Grammaire, Exercice 3, p. 32	45	Unité 8, Grammaire, Exercice 6, p. 65
18	Unité 4, Grammaire, Exercice 8, p. 33	46	Unité 8, Sons et lettres, Exercice 1, p. 65
19	Unité 4, Sons et lettres, Exercice 1, p. 33	47	Unité 8, Sons et lettres, Exercice 2, p. 65
20	Unité 4, Mes savoir-faire, Exercice 1, p. 34	48	Unité 8, Sons et lettres, Exercice 3, p. 65
21	Unité 4, Mes savoir-faire, Exercice 2, p. 34	49	Unité 8, Mes savoir-faire, Exercice 1, p. 66
22	Unité 5, Exercice 1, p. 37	50	Unité 9, Exercice 1, p. 69
23	Unité 5, Les mots, Exercice 2, p. 38	51	Unité 9, Communication, Exercice 1, p. 71
24	Unité 5, Grammaire, Exercice 9, p. 41	52	Unité 9, Sons et lettres, Exercice 1, p. 73
25	Unité 5, Sons et lettres, Exercice 1, p. 41	53	Unité 9, Sons et lettres, Exercice 2, p. 73
26	Unité 5, Sons et lettres, Exercice 2, p. 41	54	Unité 9, Sons et lettres, Exercice 3, p. 73
27	Unité 5, Mes savoir-faire, Exercice 1, p. 42	55	Unité 9, Mes savoir-faire, Exercice 1, p. 74
28	Unité 5, Mes savoir-faire, Exercice 2, p. 42		

Chansons et bases musicales

Piste	
56-57	*Vite*, livre de l'élève, page 118
58-59	*La chanson de l'alphabet*, livre de l'élève, page 10
60-61	*Les amis*, livre de l'élève, page 118
62-63	*D'accord*, livre de l'élève, page 118
64-65	*L'arc-en-ciel*, livre de l'élève, page 118
66-67	*Relax*, livre de l'élève, page 119
68-69	*De tout*, livre de l'élève, page 120
70-71	*Une équipe de choc*, livre de l'élève, page 121

Anna Maria Crimi, Domitille Hatuel
Vite !
Méthode de français - niveau 1

Adaptation version internationale : Domitille Hatuel
Coordination éditoriale : Silvana Brusati
Rédaction : Silvana Brusati, Cristina Mancini
Pour la présente édition : Wendy Saccard
Révision linguistique : Wendy Saccard
Direction artistique : Marco Mercatali
Conception graphique : Sergio Elisei
Mise en page : Lucia Valentini
Iconographie : Giorgia D'Angelo
Responsable de production : Francesco Capitano
Conception graphique de la couverture : Paola Lorenzetti
Photo de la couverture : Shutterstock

© 2011 ELI S.r.l
B.P. 6
62019 Recanati
Italie
Tél. +39 071 750701
Fax +39 071 977851
info@elionline.com
www.elionline.com

Crédits
Mise en page : Studio ABC
Illustrations : Guglielmo Signora; Susanna Spelta/Alessandra Ceriani
Photographies, images, textes : Archives Eli: p. 11, (haut); Gettyimages : pp. 21 (bas gauche), 43, 60 (haut droit); Olycom: p. 28; Shutterstock : pp. 4, 8, 9, 11 (moitié, bas), 12, 14, 15, 20, 21 (haut gauche, droit), 22, 23, 25, 27, 30, 31, 35, 36, 38, 41, 42, 46, 47, 51, 58, 59, 60 (bas droit), 61, 62, 68, 70, 73, 74, 76; © Studio Ludo / M Touraine - JupiterImages - Pixland / Futuroscope_Création, www.futuroscope.com, (gracieuse concession) p. 75.

Chansons : Mariangela Apicella

Les éditeurs sont à disposition des ayants droit qui n'ont pu être joints, malgré tous leurs efforts, pour les extraits d'œuvres littéraires, les citations, les documents graphiques, cartographiques et photographiques reproduits dans le présent ouvrage ainsi que pour d'éventuelles omissions involontaires et/ou erreurs d'attribution dans les références. Les éditeurs insèreront les corrections éventuelles dans les prochaines éditions du volume.

Tous droits réservés. Toute forme de reproduction, de représentation et de transformation partielle ou intégrale de cet ouvrage est interdite sans l'autorisation de l'éditeur.

Sixième impression : 2016

Achevé d'imprimer en Italie par Tecnostampa - Pigini Group Printing Division Loreto - Trevi 11.83.002.0

ISBN 978-88-536-0606-8